中青年经济与管理学者文库

促进油气产业低碳发展的财税激励政策研究

——以陕西省为例

王小鹏　郝杰　著

中国财经出版传媒集团
中国财政经济出版社
北京

图书在版编目（CIP）数据

促进油气产业低碳发展的财税激励政策研究：以陕西省为例／王小鹏，郝杰著．-- 北京：中国财政经济出版社，2024.7

（中青年经济与管理学者文库）

ISBN 978-7-5223-3177-5

Ⅰ．①促… Ⅱ．①王… ②郝 Ⅲ．①财政政策－影响－石油工业－节能－研究－陕西②财政政策－影响－天然气工业－节能－研究－陕西 Ⅳ．①F426.22

中国国家版本馆 CIP 数据核字（2024）第 105392 号

责任编辑：高文欣　　责任印制：史大鹏

封面设计：智点创意　　责任校对：张　凡

促进油气产业低碳发展的财税激励政策研究——以陕西省为例

CUJIN YOUQI CHANYE DITAN FAZHAN DE CAISHUI JILI ZHENGCE YANJIU YI SHANXISHENG WEILI

中国财政经济出版社 出版

URL：http：//www.cfeph.cn

E-mail：cfeph@cfeph.cn

社址：北京市海淀区阜成路甲 28 号　邮政编码：100142

营销中心电话：010-88191522

天猫网店：中国财政经济出版社旗舰店

网址：https：//zgczjjcbs.tmall.com

中煤（北京）印务有限公司印刷　各地新华书店经销

成品尺寸：147mm×210mm　32 开　6.5 印张　162 000 字

2024 年 7 月第 1 版　2024 年 7 月北京第 1 次印刷

定价：30.00 元

ISBN 978-7-5223-3177-5

（图书出现印装问题，本社负责调换，电话：010-88190548）

本社质量投诉电话：010-88190744

打击盗版举报热线：010-88191661　QQ：2242791300

西安石油大学优秀学术著作出版基金资助

西安石油大学油气资源经济与管理研究中心资助

陕西省教育厅项目“陕西油气产业低碳发展的财税激励政策研究”（项目结题号：陕教科结字第122201555号）

陕西高校青年创新团队建设项目“面向碳达峰碳中和的资源环境审计创新团队”

陕西省教育厅青年创新团队科研计划项目“ESG表现对重污染企业绿色创新的影响研究”

策划人语

题记：一个人的精神成长史，取决于他的阅读史。只有阅读能最有效地培养精神生活习惯，而好的习惯又培养性格，性格决定人生。

——我们自豪，因为我们就是创造这精神产品的人。

选择了飞翔，总能看到蓝天；选择了远航，总能感受大海。人生不仅要作出选择，也要坚持住自己的选择。学会计、当编辑是我的意外选择。人说编辑是为人作嫁，可是这一选择我坚持了30年，苦在其中，乐在其中，也算是有声有色。每当我把一本本好书呈献给人们的时候，我觉得我是“富贵”的人：富，不是你身上的钱财，而是你心里的满足；贵，不是你地位的显赫，而是你被人需要的程度。

书海探寻，情怀永恒

我要说，做编辑我幸运，因为我不仅是第一个读者，可以对作品“品头论足”，也可以对作品“生杀予夺”；更重要的是，这是一个有很高层次的平台，在多年与名家的交往和名著的“对话”中，深深地为他们的人格和才学所感动，被作品的精彩所吸引，这不仅使我“下笔如有神”，更使我的思想和灵魂也受到一次次洗礼和震撼，得到一次次升华。对于我的作者我的书，如数家珍，作者中不乏才学和为人同样过人的多位泰斗和“颜值高责任大”的众多才子佳人；策划的作品不仅立足专业还兼顾人文，也是情怀所在，专业加人文路才会更宽更远。

多年的体会是，作为一名编辑，起码要“三心二意”，即“责任心、细心、耐心”和“服务意识、创新意识”。要多策划一些拳头产品，用一个选题推动一个系统工程，用一个系统工程培养一个出版社品牌。给新入职编辑讲座时我做过一个比喻：编辑两项基本功，审稿——甚至要比博导审批学生论文还要全面、细致；选题策划——要像电影导演一样做“星探”，善于发现优秀作者和挖掘好的原创作品。记不清30年来我策划和编辑了多少书，组织和策划了大批教材、业务培训用书、通俗读物、理论专著等，有的获得过国家、省部级各类奖项，有的以其填补空白、社会热点、风格新颖、开拓尝试等特点受到读者的欢迎。正是：

一入书门情似海，
探寻经典职责在。
苦辣酸甜何其乐，
编辑人生也精彩。

想是问题，做是答案

众所周知，目前的图书出版业在行业竞争和纸质图书受到严重冲击的情况下，出版人无不感到莫大的危机。在这种背景下，我们还要积极应对，完善纸质图书的固有特质，拓宽纸媒的功能，挖掘出版内容和形式都精彩的原创作品，适应新形势下读者的更高需求。2017年至今，在新的时代环境下不断出新，我又策划了多套系列丛书和单本图书，不乏名家著作、教材、学术专著和实务丛书等，继续为扶持学术研究和总结实践最新成果，在高端研究与专业知识普及和应用之间搭建一座座有益的桥梁。

每一个时代的经济环境不同，理论研究和实务探索所需要解决的问题也有所差别。当前我国处于新的历史时期，市场环境和组织模式不断演变发展、推陈出新，经济、管理、财税等领域的新理论、新思想、新方法、新工具也层出不穷。乱花渐欲迷人眼，击水三千浪几何？这些领域的研究人员被时代赋予了更艰巨的责任，也面临着更高、更多元的要求，我们不仅要具备更广阔的学术视野，而且要有更严谨的学术思维。

输在犹豫，赢在行动

《中青年经济与管理学者文库》的作者，都是我国经济与管理领域的中坚力量，也是未来的大家。他们中有些人潜心从事理论研究，有些人则深耕在实务一线，但无论现实身份如何，视野全都没有被拘泥在“象牙塔”内。他们从不同视角对市场经济的不同要素进行细致审视，然后汇聚于“财经版”这面旗帜之下，相互碰撞，彼此激荡，力求在市场经济转型升级的关键时期留下最新鲜的“中国印记”。

这些经济与管理领域的中青年学者，就是我国市场经济发展的潜力与优势，他们的研究成果，不仅将引领市场经济的各个组成环节向更科学、更先进的方向发展，而且将成为我国政府和企业在未来经济世界扮演更重要角色的支点与动力。祝愿这些中青年学者能攀上更高的学术之山，走向更远的研究之路，也期待宏观、中观、微观各个层面的市场参与者都能从这套文库中得到切实的启发与指引，在全面深化改革、增强发展活力的关键时期，发挥正能量和积极作用，为经济社会发展增添新的动力！——这也是我策划此套丛书的初衷。

作始也简，毕也必巨

2021年，是一个非凡之年，纵观世界风云，抗击疫情“风景这边独好”，“十四五”规划开局，我们喜迎建党百年。“其作始也简，其将毕也必巨。”从“开天辟地”“改天换地”到“翻天覆地”“惊天动地”，我们党经历了四个历史时期——救国大业、兴国大业、富国大业、强国大业，四件大事铸就了中国共产党百年辉煌。我们不禁感叹——风雨百年创辉煌，“天地”之间“有杆秤”。

2021年，还是一个纪念之年，出版社成立65周年和我从事编辑工作30周年。65年来，财经出版社始终坚持正确的舆论导向和鲜明的出版特色，努力为经济建设和财政工作服务，致力于为读者奉献经典作品，在中国财经出版传媒集团旗下发挥着更大的作用，取得更大的成就。作为一个有着20多年党龄的党员，我是生在新中国长在红旗下的幸运的一代，怀着对党无限的热爱和感恩，浓情做事、淡泊做人，用30年的情怀和坚守见证了出版业的转型，践行了编辑的天职，向党递交一份努力的答卷。

2017年策划出版《中青年经济与管理学者文库》至今已五年，得到了众多中青年学者的热烈响应与大力支持，文库诞生至今已囊括专著60余种，为中青年学者们提供了展示学术研究成果的平台，作者队伍不断壮大，作品陆续出版。如果您认可，如果您有意愿，欢迎您和您的朋友加盟我们的作者队伍！在中国财经出版传媒集团的“旗舰”下，中国财政经济出版社这“老字号”，一定励精图治，谱写新的篇章。敬请关注“龙媒玉制新书坊”微信公众号，我们用“龙的精神，玉的品质”来助力您实现梦想！

策划人：樊清玉

邮箱：qingyuf@ sina. com

2021年12月31日

前言

在面对增加油气供应和 CO_2 减排的双重压力下，油气产业的低碳发展将直接面临成本、技术、工艺、管理与替代能源竞争，以及勘探、开发、炼化等各个环节技术和管理水平提升等的挑战。对于油气产业来讲，如何引导、支持和鼓励石油企业加快转变发展方式，努力实现发展方向低碳化，政府除了支持技术创新外，财税政策创新也是基本策略。陕西作为我国能源大省，截至 2023 年底，已连续 11 年全国油气当量排名第一位，油气产业如何实施国家低碳发展战略，保障油气供应和拉动地方经济增长，已经成为省域经济社会发展的一个重大的理论和现实问题。

本书从陕西油气产业与区域经济的关系、油气产业与财税政策的关系、现行财税政策对陕西油气产业经济影响及陕西油气经济低碳发展的财税政策建议等主要四个部分展开，运用规范研究和实证研究方法，利用 2010 年至 2022 年的实际数据，从具体税费角度的个别效应和税费的整体效应全面论证了税费制度改革对陕西油气产业发展的影响。结论显示：（1）财政政策对未受低碳政策影响的小企业具有良好的经济效应；（2）所得税政策对未受低碳政策影响的小企业产生良好的经济影响，增值税政策对受低碳政策影响的大企业产生良好的经济影响；（3）税收政策对油气企业的经济影响大于财政政策；（4）企业经营状况在财政政策中表现为中介效应，在税收政策中则表现为调节效应。总体上，我国政府对于油气产业的激励政策促进了油气产业的可持续发展，为油气产业的改革起了很大的作用。

但仍应注意的是，在我国油气战略、低碳战略和陕西油气产业发展的新时期，促进油气产业发展的低碳财税政策依旧存在一定的问题。如财税优惠目标尚未明确，缺乏系统的税收法律促进体系，而且财税优惠政策主要集中在页岩气、煤层气等个别非常规油气品种的开发利用上，系统的非常规油气产业激励政策尚未出台。国家对非常规油气资源的激励政策无法促进产业的全面发展，而对非常规油气的扶持力度也并不能凸显非常规油气产业在我国未来油气产业体系中的地位。因此，在政策选择上，一是应加强油气产业财税优惠政策的整体取向，需要从长远性、战略性考虑用好财税政策；二是要根据不同种类非常规油气的特点制定有区别的财税优惠政策，尤其是非常规油气的种类很多，每个种类都有其自身的特点，应根据各种非常规油气的特性制定差别化的税率制度。

目录

第1章 绪 论

1.1 研究背景

低碳经济目前已成为世界各国和社会各界积极研究与探讨的热门话题，特别是于2009年12月在哥本哈根召开的《联合国气候变化框架公约》会议，其就“如何处理碳排放及应对气候变化”这一主题，达成了全球性的协议。2021年，中国明确“碳达峰、碳中和”的战略目标，但实现全面绿色转型的各项基础依然薄弱。财税政策作为推动绿色低碳经济的关键措施，起着调控、支持和导向功能，财税激励政策是绿色低碳经济转型的关键所在。众所周知，低碳发展与我国目前经济发展之间存在许多矛盾。作为一个14亿多人口的发展中国家，全力发展社会经济仍是现阶段的首要任务，但是这将导致二氧化碳排放继续增加，经济发展和环境保护之间存在着巨大的矛盾。我国正处于工业化中期阶段，以机械制造、钢铁、建材、能源为代表的重工业在经济结构中的比重不断加大，而这些往往具有高能耗、高污染等特征，它们的快速发展导致碳排放总量不断升高，减少碳排放的强制性要求给工业化继续推进增添了额外的沉重负担。2019年人均能源消费量同比上涨1.8%，其中人均电力、天然气消费量同比上涨5.4%和6.8%，人均二氧化碳排放量为7.1吨，碳排放量的规模在世界范围内都较为庞大。

从能源的角度来看，我国对煤炭的依赖程度远远高于世界平均水平，随着人口的增加，以及城镇化进程的加快，对于化石能源的需求也持续增加，以煤为主的能源结构，“多煤少油缺气”的能源结构导致的生产和消费方式在短期内很难马上改变，降低碳排放的强制性要求给能源体系和能源使用现状带来了严峻挑战。石油是现代工业的“血液”，油气产业是工业化进程中的战略性基础产业，与社会生产和日常生活具有不可分割的联系。然而，我国油气产业面对增加油气供应保障和减少二氧化碳排放的双重压力，它高能耗与高排放的特性，无法避免地与低碳经济之间存在着本质上的矛盾。加强节能减排，实现低碳发展，从国际和国内产业政策的经验来看，离不开政府财税政策的支持，从财政上给予扶持，从税收上实施调控，促进低碳能源的技术性变革和管理方式的有效实施。

1.2 研究意义

1.2.1 理论意义

与产业低碳经济研究相比，产业财税政策研究呈现相对滞后状态，这种理论研究或缺已经成为制约油气产业低碳经济发展的障碍，但也表明了该领域研究具备相当大的挖掘与创新机会。研究成果能够为油气产业节能减排财税政策制定提供理论支撑和经验证据，弥补相关或缺。

1.2.2 实践意义

对于陕西油气产业，碳减排强度的国家硬性约束将日趋严格，如何从财税激励政策的手段引导、促进陕西油气产业的低碳发展，如何在保证碳减排目标的前提下促进地方经济良性增长，对于政策制定者也具有重要的现实意义。

1.3 研究目标与研究问题

1.3.1 研究目标

本研究目标是基于油气产业经济增长驱动力和低碳发展的双重压力背景，以陕西油气产业促进地方经济增长为根本目标，通过对行业特征、低碳发展与财税政策之间的相互作用机制与效应的考察，研究陕西油气产业低碳发展的财税激励政策目标、实施手段和传导机制，进而为油气产业节能减排财税政策提供更为丰富、细致的理论支撑和经验证据。

1.3.2 研究问题

（1）国内外油气产业低碳发展的财税激励政策综述与评价；

（2）油气产业、低碳发展与区域经济关系的分析；

（3）陕西油气产业财税激励政策的现状与实证分析；

（4）陕西油气产业低碳发展的财税激励政策的建议。

1.4 研究框架与研究方法

1.4.1 研究框架

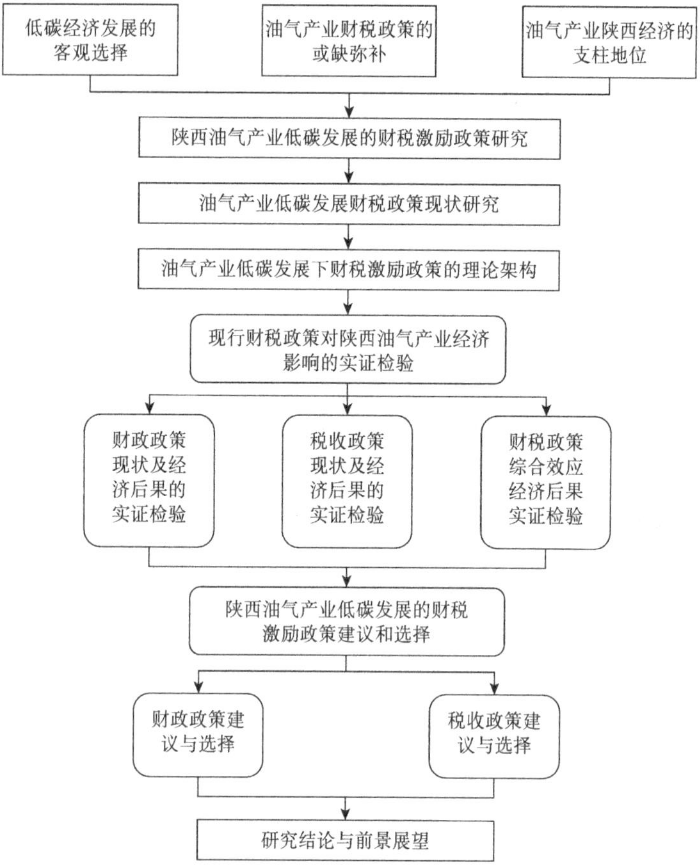

图 1－1 研究框架

1.4.2 研究方法

研究方法采用理论研究与实证研究相结合、演绎与归纳法并举。具体如下：在文献分析中，采用归纳方法总结油气产业低碳经济财税政策的研究现状；在基本理论分析中，采用演绎方法诠释基于油气产业低碳发展财税政策的理论架构；在实证研究中，采用档案研究法、回归模型检验财税政策经济结果。

1.5 研究的特色与创新点

1.5.1 研究特色

（1）加大了研究深度。已有研究很少直接研究具有高碳排放特征的油气产业低碳发展的路径与策略，仅有少量文献对油气产业低碳发展进行了框架性的理论探讨，缺乏较为完整的理论分析体系和实证数据的支持。

（2）研究视角的独特性。油气产业低碳发展与区域经济发展的协同研究少。实证数据缺乏。已有少量油气产业与经济发展的研究文献，主要从油气资源生产要素特性对经济的贡献的角度考虑，没有考虑油气产业当前低碳发展要求的强约束条件。因此，对油气产业低碳发展模式与区域经济的关系值得考察。

（3）弥补了国内低碳发展财税研究的薄弱。油气产业低碳发展的财税政策研究非常少，其中财政政策很少有文献涉及，税收政策则集中在对碳税的讨论上，其他税种很少涉及。总体缺乏财政与税收政策综合考虑的系统框架。同时，在研究手段上也缺乏理论分析和经验研究的综合运用。

1.5.2 创新点

（1）以油气产业低碳发展财税激励政策为基本切入点，基于陕西油气产业发展对地方经济增长的促进作用，演绎一个涵盖政策目标、实施手段与传导机制的三个相互递进层级构建财税激励政策的理论框架，调查并梳理国外油气产业低碳发展的财税政策的研究和实际，夯实油气产业低碳发展财税激励政策的理论依据。

（2）实证研究现行财税政策对陕西油气产业经济的影响，有利于提供现行财税政策对油气产业发展的经验证据，弥补当前我国行业低碳发展财税政策研究的不足，增加财税激励政策建议的可行性。

（3）分别从财税政策两方面建立油气产业低碳发展的激励机制，为促进油气产业低碳经济、陕西区域经济发展提供政策决策支持。

第 2 章
陕西油气产业与区域经济的关系

2.1　油气产业低碳发展研究

2.1.1　低碳经济方面的研究

2003 年 2 月，英国政府在其发表的《我们能源的未来：创建低碳经济》白皮书中首次提出低碳经济概念，白皮书指出："低碳经济是通过更少的自然资源消耗和更少的环境污染获得更多的经济产出；低碳经济是创造更高生活标准和更好生活质量的途径，为发展、应用和输出先进技术创造了机会，同时创造新的商机和更多的就业机会。"低碳经济的实质是高能源利用效率和清洁能源结构问题，核心是能源技术创新、制度创新和人类生存发展观念的根本性转变。在全球气候变暖的背景下，欧美发达国家大力推进以高能效、低排放为核心的"低碳革命"，着力发展"低碳技术"，并对产业、能源、技术、贸易等政策进行重大调整，以抢占产业先机和制高点。

作为全球最大的发展中国家，中国发展低碳经济的机遇和挑战并存。我国加快实施低碳经济模式，从国内角度看可以降低国内资源过度消耗并减少环境污染。从国际角度看，在经济复苏进程中，围绕碳排放交易标准和体系的博弈是主要经济大国关注的焦点之一。为获得一定相对优势及避免未来出口贸易受阻，低碳经济必将愈加受到政府重视。2009 年 11 月，国务院常务会议决定，到 2020 年我国单位国内生产总值二氧化碳排放比 2005 年下降 40% ~ 45%，作为约束性指标纳入国民经济和社会发展中长期规划。国家发展改革委的报告表示，下一步将重点抓好以下工作：（1）加强规划引导，完善扶持政策。将绿色经济、低碳经济发展理念和相关发展目标纳入国家规划和相关产业发展规划中。（2）扎实推进节能减排，加强生态环保建设。全面落实节能减排综合性工作方案，强化目标责任评价考核，加快节能减排重点工程建设；大力发展生物质能、太阳能、地热能、风能等可再生能源，有序发展水电，积极发展核电，到 2020 年非化石能源占一次能源消费的比重达到 15%左右；力争到 2020 年森林面积比 2005 年增加 4000 万公顷，森林蓄积量比 2005 年增加 13 亿立方米。（3）组织开展循环经济、低碳经济试点。（4）建立健全科技、统计、信息等支撑体系。加大对节能、清洁能源、碳捕集利用与封存等技术的研发和产业化投入。逐步建立温室气体监测统计、气候变化信息共享平台和信息服务体系。2020 年 9 月 22 日，国家主席习近平在第七十五届联合国大会上宣布，中国力争 2030 年前二氧化碳排放达到峰值，努力争取 2060 年前实现碳中和目标。2022 年，党的二十大报告提出“积极稳妥推进碳达峰碳中和”，强调“实现碳达峰碳中和是一场广泛而深刻的经济社会系统性变革。”这是以习近平同志为核心的党中央统筹国内国际两个大局作出的重大决策部署，为推进碳达峰碳中和工作提供了根本遵循，对于全面建设社会主义现代化国家、促进中华民族永续发展和构建人类命运共同体都具有重要意义。

在国外，早在 1997 年，国外学者就开始了低碳经济发展战略方向的研究，低碳经济发展所处的战略地位是国家发展低碳经济规划方面的重要转型。安德森（Anderson，2008）等借助麻省理工学院的碳排放预测和政策分析工具，根据加拿大的政治特点为油砂产业构造了两套不同的低碳政策，并分析其碳减排成本和效果。雷奇韦尔（Redgwell，2009）等从目前的能源消费结构入手，批评了当前欧美发达资本主义国家对传统化石的依赖性过强，并重点阐述了中国及印度两个世界上最大的发展中国家对于未来世界的影响。乔蒂·帕里克和基里特·帕里克（Jyoti Parikh and Kirit Parikh，2011）对印度的能源状况进行分析，发现印度的煤炭、油气、核能、氢能、水电和其他可再生能源都要靠进口，实现低碳经济最有效的途径是采取各种措施提高生产和消费能源的使用效率以减少能源需求。X. H. 夏、G. T. 黄和 G. Q. 陈等（X. H. Xia，G. T. Huang and G. Q. Chen et al.，2011）从能源安全、能源效率和碳排放等主要能源政策视角出发设计了一套综合性评估系统。石油依赖率、平均石油增长率、能源多元化指标、碳化物指标、石油增长风险等被用来评估中国 2002—2007 年的产业发展。谭等（Tan et al.，2017）则从经济发展、能源使用、社会与生活、碳与环境、城市交通运输、固体废物、水资源等多个方面，构建了一个城市生活成本评价体系，以此来评估城市低碳发展情况。杨阜等（Yang Fu et al.，2021）采用 PSM - DID 的方法验证低碳试点政策可以显著地降低碳排放水平。吕等（Lv et al.，2022）基于中国 2010—2019 年的省级层面的数据，利用分录权重法，分别构建了政策和市场层面的低碳发展衡量指标体系，测度30个省份的低碳发展水平。萨马甘迪·纳赫拉（Samargandi Nahla，2022）考察了金融发展在低碳经济（LCE）中的作用，应用标准、非对称和分位数自回归分布滞后（ARDL）方法分析了1981—2016年的时间序列数据。实证分析表明，金融资本非对称地促进了低碳经济的发展，但在不同的经济环境下，金融资本融入创新渠道有助于低碳经济发展。

综上所述，国外学者低碳经济政策的研究主要集中在两个方向：一方面是政府职能对低碳经济发展的正相关影响研究，即政府低碳政绩考核的研究；另一方面是低碳制度建立方面的研究，这其中又分为三个小的方向，即碳税改革对低碳经济发展的影响、区域经济制度规划对低碳经济社会建立的影响和清洁能源机制对低碳经济发展贡献的研究。

2.1.2 油气产业低碳经济研究

低碳经济对油气资源产业的影响是全方位的、巨大的，甚至是革命性的。它给油气资源产业既带来挑战又提供了机遇。油气资源产业具有低碳经济的实践者和低碳经济的保障者双重身份。一方面，油气资源产业节能减排压力巨大、责任重大，产业自身发展将面临着低碳硬约束；另一方面，以低碳经济为契机，通过碳减排推动油气资源清洁利用、产业技术进步和变革，以及产业生产、消费结构的调整。

油气产业作为我国的支柱产业，在国民经济中占有重要地位，因此有关油气领域的著作不计其数，其中许多学者从不同角度对油气产业财税政策进行了研究。较早的研究可以追溯到20世纪90年代中期，这一时期的主要研究内容是国外的油气财税制度。随着油气产业的不断发展，关于油气财税制度的文章也不断涌现。与发达国家相比，我国低碳经济发展较晚，技术基础较差，因此赵丽洲（2011）认为我国应注重从宏观上全面规划石油产业低碳发展，明确发展目标、战略和路线，尽快编制低碳发展规划，积极参与行业低碳减排的政策研究。张丽峰（2011）具体分析了我国产业结构、能源生产与消费结构及其与碳排放的关系，并结合我国实际提出了碳减排的具体措施，包括加快调整产业结构、引进先进技术、加大科研投入开展技术创新、加快能源消费结构调整等。许晓玲、何芳和崔晴（2012）在借鉴世界主要大型石油公司在可持续发展背景下作出战略调整成功经验的基础上，为中国石油企业提出了具体的对策措施，使其实现经济发展与资源环境的协调发展。王玉霞（2012）认为我国油气资源税收优惠力度较弱，缺少针对边际油田及三次采油、适应油气行业开发周期性、激励开发低品位油气资源的优惠政策。宋爱华（2014）认为我国现行油气资源税费制度存在设计不合理、缺少明确的法律依据、中央与地方收益分配不合理等问题，严重影响了油气资源税费功能的发挥，并从我国油气资源税费制度现状入手，参照其他国家油气资源税费政策，提出我国油气资源税费制度的问题和缺陷，并探索性地给出完善我国油气资源税费制度的建议。孙家胜和王春婷（2014）指出，我国现行油气资源财税政策在立法理念和政策操作层面对油气资源的可持续发展均存在着不协调的问题。为了有效发挥油气资源财税政策的调节作用，应建立覆盖油气资源勘探开发、油气田运营及衰竭后矿区经济社会接续发展的全程财税调控体系，建立油气资源勘探“种子”基金，完善油气资源价值补偿财税体系，按照不同开发阶段设置动态滑动税费率，建立油气资源企业转产准备金。李勇、刘超和李娜（2015）通过分析大庆油田税费优惠现状，以及在现阶段油气资源税费优惠政策下存在的问题，并结合我国实际提出了改革建议，他们认为我国应当充分考虑油藏类型、开采工艺技术和成本差别，制定不同的税收优惠政策：一是继续完善细化资源税优惠政策；二是制定石油特别收益金减免优惠政策；三是制定油气资源综合利用先进技术税费鼓励政策。黄朴等（2016）以油气矿权制度为切入点，针对我国油气资源税费存在的问题，指出制定更为完善的矿权制度的必要性，并提出精简税费、增加资源耗竭补贴及其他保障机制等思路和建议。张晶（2016）针对现行油气资源税费政策有待进一步优化的问题，以油气资源税费政策促进油气资源节约集约利用，以及促进油气田企业自发进行环境保护，从而促进经济与环境协调发展，以油气行业健康发展为切入点，分析了我国油气资源税费政策现状，指出我国油气资源税费政策存在增值税违反税负公平原则、资源类税费定位重叠、缺乏环境类税收制度、未体现油气行业特点等问题，进而提出公平税负、清费立税、出台环境类税收政策、税制设计应考虑油气行业特点等优化油气资源税费政策的建议。王甲山等（2018）对我国油气资源开发利用生态环境税费制度进行了系统研究，研究发现油气资源开发利用生态环境税费制度存在税费立法层次偏低、专项生态税费缺位、关联生态税费脱节、优惠政策缺乏总体性等问题。并针对上述问题提出通过提升立法层次、改革专项生态税费、调整关联生态税费、改进税费优惠政策等措施来完善油气资源开发利用生态环境税费制度。赵兴瑜（2021）对比国内外资源税体系，整理我国现行资源税体系。基于对资源类税费功能的定位，提出适合我国油页岩发展的资源类税费体系。并提出我国矿产资源税费体系存在税制不完善，税制结构有待优化，存在多项功能由同一税目承担的现象。

综上所述，油气产业要实现低碳经济发展，涉及方面和影响因素较多，既包括产业经济方面的产业结构、能源生产与消费结构及其与碳排放的关系，也包括产业政策方面的生态环境税费制度、资源税费制度、油气财税制度与碳减排的关系，还包括油气田企业生产经营模式方面的自发进行环境保护，促进经济与环境协调发展的具体行为。

2.2　油气产业低碳发展与陕西区域经济增长的机制研究

2.2.1　陕西区域经济与油气行业发展状况分析

（1）区域经济发展状况分析

①经济发展状况。改革开放以来，陕西省经济运行总体呈现稳定增长、结构优化、效益提升的态势。2010年陕西GDP总量居全国第16位，正式跨入中国"万亿省份俱乐部"。在全国排名第16位，连续13年保持两位数增长。

从表2－1中的数据可以看到，自2010年以来，陕西省整体经济运行呈上升趋势。虽然全年生产总值由2010年的1.0万亿元增长到2022年的3.3万亿元，但从其每年的增长率可以看出全省的近13年的经济运行仍有微小的波动存在，主要分为三个阶段。

表 2-1　　陕西省 2010—2022 年经济发展基本概况

项目	2010 年	2011 年	2012 年	2013 年	2014 年	2015 年	2016 年	2017 年	2018 年	2019 年	2020 年	2021 年	2022 年
全年 GDP（万亿元）	1.00	1.20	1.40	1.60	1.70	1.80	1.90	2.20	2.40	2.50	2.60	3.00	3.30
全年 GDP 同比增长率（%）	14.50	13.90	12.90	11.00	9.70	8.00	7.60	8.00	8.30	6.00	2.00	6.50	4.30
固定资产投资增长率（%）	30.70	30.20	28.10	24.70	17.80	7.80	12.30	14.60	22.30	2.40	3.60	-3.10	7.90
社会消费品零售总额增长率（%）	18.70	18.60	16.00	14.00	12.80	11.10	11.00	11.80	10.20	7.40	-5.90	6.70	1.50
规模以上工业增长率（%）	19.70	17.90	16.60	13.10	11.30	7.00	6.90	8.20	9.20	5.20	1.00	7.60	7.10
全年外贸进出口增长率（%）	43.70	20.80	1.00	36.00	35.00	12.80	4.20	37.40	29.30	0.10	7.30	25.90	2.00
税收占地方财政收入增长率（%）	33.35	31.47	21.17	11.02	6.30	-3.40	-6.70	23.30	5.06	1.60	-3.80	3.80	0.50
城镇居民收入增长率（%）	11.10	16.20	13.60	10.20	10.30	8.40	7.60	8.30	8.10	8.30	4.90	7.50	4.20
农村居民收入增长率（%）	19.40	22.50	14.60	12.80	9.20	9.50	8.10	9.20	9.20	9.90	8.00	10.70	6.50

数据来源：陕西省国民经济和社会发展统计公报（2010—2022）。

第一阶段是2010—2013年，全年GDP由1.0万亿元增加到1.6万亿元，增加了0.6万亿元，增长率高达60%，全省整体经济发展形势良好并且持高速增长状态。但其增长率从14.5%降到11.0%，不考虑其他因素，实际经济增长速度下降了3.5个百分点。2010年是“十一五”规划的最后一年，“十一五”规划的重点之一便是促进区域协调发展，实施西部大开发，振兴东北地区等老工业基地，促进中部地区崛起，鼓励东部地区率先发展，形成东中西互动、优势互补、相互促进、共同发展的格局。2011年起，我国正式步入“十二五”规划阶段，“十二五”规划的重点是坚持把经济结构战略性调整作为加快转变经济发展方式的主攻方向，把科技进步和创新作为加快转变经济发展方式的重要支撑，把建设资源节约型、环境友好型社会作为加快转变经济发展方式的重要着力点。陕西省经济增长速度的减缓和国家的方针政策有着紧密的联系。2013年陕西省发展与改革委员会在《关于陕西省2013年国民经济和社会发展计划执行情况与2014年国民经济和社会发展计划草案的报告》中提出：由于我省产业结构偏重，能源市场需求不振，煤炭价格低迷，加之我们主动顺应国家政策导向，把工作着力点更多放在提高经济增长质量上，也促使经济增速有所减缓。

第二阶段是2014—2015年，在这段时期内，固定资产投资增长率从17.8%到7.8%，下降了10个百分点，规模以上工业增长率从11.3%到7.0%，下降了4.3个百分点，全年外贸进出口增长率从35.0%到12.8%，下降了12.2个百分点。除此之外，其他各项经济指标增长率保持平稳，无大幅波动。第二阶段处于“十二五”规划期间，以创新型、资源节约型社会生产为主，全省在此期间保持经济平稳增长，主动适应经济新常态带来的新变化，着力以系统化思维稳增长，加快创新发展步伐，深入推进供给侧结构性改革。

第三阶段是2016—2022年，全省经济运行势头良好并呈上升趋势，2022年生产总值突破3.3万亿元。2016年是我国“十三五”规划的开始，“十三五”规划始终贯彻“创新、协调、绿色、开放、共享”的发展理念。在创新开放的经济大环境下，陕西省紧跟“丝绸之路”的发展政策，打开大门，积极响应国家号召。2017年工业对陕西省经济增长的贡献率达到了41.4%，拉动经济增长3.3个百分点。工业领域中的知识密集型、技术密集型、高附加值等新兴产业持续保持高速增长，为全省工业增长提供了有力支撑。从衡量经济运行质量的几个关键性指标来看，陕西省经济发展质量效益持续提高。一是税收占地方财政收入比重提高，地方财政中税收收入增长23.3%，是2012年以来的最好水平；二是工业企业经济效益持续改善，企业利润始终保持55%以上的高速增长；三是民生保障有力，城镇、农村居民人均可支配收入增速均快于2016年；四是绿色发展步伐加快，环境治理力度加大，全省13个市（区）平均优良天数增加8.8天，平均优良天数比例为65.3%，同比上升2.4个百分点。政府有税收，企业有利润，居民有收入，环境有改善，表明陕西省经济发展更具效益、更有质量、更为稳健，经济增长的稳定性、协调性和可持续性明显增强。

②产业结构分析

陕西经济发展迅速，产业结构也随之发生了转变。陕西省依据资源分布特点，利用资源优势形成四大建设基地，陕北以化工能源为发展重点，关中以先进制造业为建设重点，陕南利用自然环境和生物资源丰富等优势形成绿色产业基地。另外，重点发展的产业包括装备制造业、高技术产业及能源化工产业三大支柱产业。西部大开发以来陕西产业结构调整步伐加快，张爱香（2006）分析认为陕西省产业结构的特点是第一产业总量缓步增长而比重下降，第二产业总量增长迅速且比重快速上升，第三产业快速增长。陕西省产业结构趋向合理，但也存在第二产业发展滞后、竞争力低下、缺乏集群效应和主导产业模糊等问题。

根据表2-2和图2-1中各项数据可以分析出陕西省属于工业型产业结构，即第二产业占绝大比重，而第一和第三产业所占比重较小，尤其是2010—2014年第二产业的年增长率明显高于第一、第三产业。即使2015—2016年的第二产业年增长率维持在7.3%，但其占全省国民生产总值的比重保持在51.5%、49.0%，均高于其他产业。2015年第二产业年增长率下降了3.9个百分点，而占全省国民生产总值比重仅下降3.3个百分点，仍占据一半以上的比重。2018年第二产业生产总值增长率为0.8个百分点。2019年三大产业增长速度发生下降，相较2018年，第一产业上升1.2个百分点，第二、第三产业分别降低3.0个、2.3个百分点。第二、第三产业生产值趋于相等，占45%左右。2020年第三产业比重超过第二产业接近4个百分点，由于疫情，加工制造产业受到影响略微下降，但在2021—2022年，第二产业又超过第三产业继续成为我国第一大产业。

表 2-2　　陕西省 2010—2022 年各产业增长率一览　　（%）

年份	各产业年生产总值增长率		
	第一产业	第二产业	第三产业
2010	5.8	18.0	11.7
2011	5.9	16.9	11.7
2012	6.0	14.9	11.5
2013	4.7	12.6	9.9
2014	5.1	11.2	8.4
2015	5.1	7.3	9.6
2016	4.0	7.3	8.7
2017	4.6	7.9	8.7
2018	3.2	8.7	8.8
2019	4.4	5.7	6.5
2020	3.3	1.4	2.8
2021	6.3	5.6	7.3
2022	4.3	6.2	4.3

数据来源：陕西省国民经济和社会发展统计公报（2010—2022）。

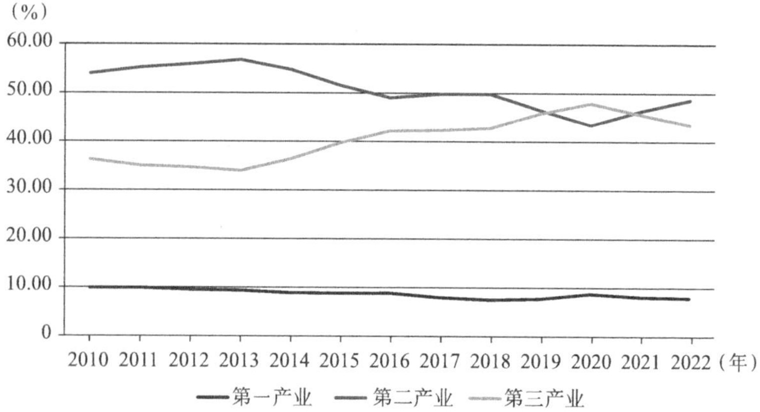

图 2-1　陕西省 2010—2022 年各产业占国民生产总值比重

③投资结构分析

投资仍然是陕西区域经济发展的重要抓手，油气作为陕西经济第二产业的核心，近 10 年来投资持续增长。

从表 2 - 3、图 2 - 2 可见，2010—2022 年，第一产业增长率波动较大，突出表现在 2011 年较 2010 年增长率近翻一番，也是第一产业投资增长率最高的一年。随后在 2012—2018 年投资增长率在 10% ~50% 之间波动，在 2019 年却发生了巨跌，降低至 1.4%，并且在之后的四年均保持在 5% 以下。第二产业投资增长率 2010—2012 年呈增长趋势，在 2012 年达到最高 29.0%，在 2013—2018 年总体呈下降趋势，其中 2013—2014 年是增长率开始急速下降的转折点，虽然 2016—2019 年开始复苏，并且在 2019 年投资增长率达到 11.2%，但是 2020 年受疫情影响第二产业投资近十年来第一次负增长。随着经济的回温，第二产业投资增长率在后来的两年持续增加，在 2022 年达到了 8.3%。第三产业投资增长率在 2010 年达到最高为 39.3%，之后一直呈下降趋势，并在 2019 年投资额不增反降。究其原因，主要是 2019 年代售商品房增长率跌破 10 个百分点，降低了 10.5%。并且在之后的三年持续波动，在 2021 年降低了 6.1%，在 2022 年又回升到 8.5%。

表 2 - 3　陕西省 2010—2022 年各产业投资年增长率一览　(%)

年份	各产业投资年增长率		
	第一产业	第二产业	第三产业
2010	31.1	21.1	39.3
2011	61.6	25.9	12.7
2012	29.1	29.0	28.7
2013	47.2	17.3	28.4

续表

年份	各产业投资年增长率		
	第一产业	第二产业	第三产业
2014	28.1	4.4	25.2
2015	49.9	8.0	5.6
2016	14.2	1.0	17.5
2017	35.1	1.8	18.1
2018	45.2	5.5	9.8
2019	1.4	11.2	-0.4
2020	4.6	-0.2	5.7
2021	1.3	4.6	-6.1
2022	2.7	8.3	8.5

数据来源：陕西省国民经济和社会发展统计公报（2010—2022）。

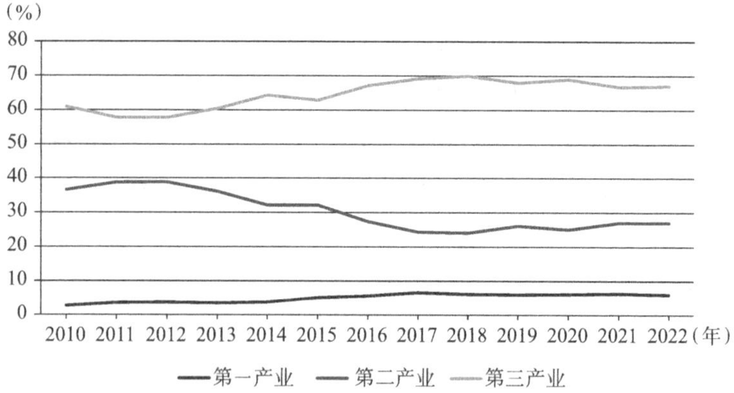

图 2-2　陕西省 2010—2022 年各产业占总投资额比重

（2）油气产业发展现状分析

陕西独特的地理位置造就了丰富的自然资源禀赋。石油资源主要分布在陕北地区的榆林、延安两市，区域面积 8 万平方千米，属于特低渗透油田。石油预测资源总量约 40 亿吨，累计探明地质储量19亿吨，居全国第五位；累计探明技术可采储量3.25亿吨，居全国第六位。天然气资源主要分布在陕北地区的榆林、延安两市，区域面积8万平方千米。天然气预测资源量11.7万亿立方米，累计探明地质储量1.2万亿立方米，居全国第三位。天然气甲烷含量95%~98%，热值8500~8800大卡/立方米。陕西有长庆油田、延长油矿两大油田。长庆油田我国油气产量当量最大的油气田企业，主要在鄂尔多斯盆地开展油气勘探开发及新能源等业务，横跨陕甘宁蒙晋五省（区），面积37万平方千米，北部是荒原大漠，南部是黄土高原。目前，长庆油田新增年度石油探明储量占中国石油年度新增储量的1/2以上，占全国年度新增储量的1/3以上。2019年，习近平总书记多次作出重要指示批示，要求把能源的“饭碗”牢牢端在自己手里，当好能源保供“顶梁柱”。2020年12月27日长庆油田年产油气当量突破6000万吨，开创中国石油工业发展史新纪元。延长石油源远流长，1905年经清政府批准在陕西延长县创建“延长石油厂”，1907年钻成中国陆上第一口油井，结束了中国陆上不产石油的历史。延长石油曾为中国革命和经济建设做出过重要贡献，被誉为“功臣油矿”，1944年毛泽东同志题词“埋头苦干”予以鼓励。改革开放以来，特别是经过1998年和2005年两次重组，延长石油迈上了持续发展的快车道。2007年原油产量突破千万吨大关；2010年销售收入突破1000亿元；2013年进入世界企业500强；2021年生产原油1133.79万吨，加工原油1322.52万吨，交售天然气67.82亿方，生产化工品676.61万吨，财政贡献连续多年保持陕西省第一和全国地方企业前列。

陕西省能源局专设石油天然气处，主要承担全省石油、天然气行业管理工作；拟订全省油气开发、炼油发展规划、计划和政策并组织实施；参与石油、天然气体制改革有关工作；承担全省石油储备管理工作，监督管理商业石油储备。据陕西省能源局运行快报统计，2022 年，陕西省规模以上工业原油产量 2536.62 万吨，同比下降 0.6%。规模以上工业天然气产量 307.11 亿立方米，同比增长 4.4%，同时积极扩大非常规资源勘探开发，致密砂岩气同比增长 7.6%。2022 年，陕西省规模以上工业原油加工量 1883.09 万吨，同比增长 3.9%，较同期加快 3.1 个百分点，其中规模以上工业汽油、柴油产量分别为 701.61 万吨、740.52 万吨，同比分别增长 2.6% 和 8.4%。

近年来，随着全国经济的快速增长，能源市场需求旺盛，带动陕西省能源工业快速发展，生产能力迅速提高，见图 2-3：

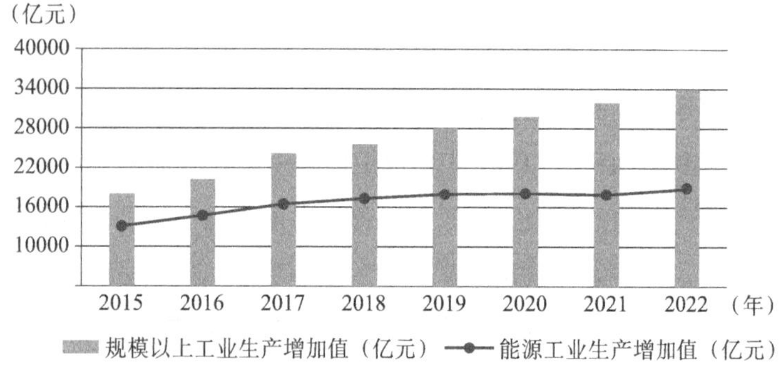

图 2-3　陕西省 2015—2022 年能源工业增加占比

从图 2-3 可以看出，2015—2022 年全省规模以上工业增长率虽然有缓慢降低的趋势，但整体增加额仍处于上升状态，与此同时，能源工业增加值与规模以上工业增加值的上升趋势相一致，总体占比在规模以上工业增加值一半以上，这说明陕西省能源工业发展势头良好。以 2022 年为例，2022 年陕西省社会投资构成中，基础设施投资、能源工业投资和房地产开发投资是全省的重点。采矿业增加值比上年增长 8.1%，制造业增长 5.4%，电力、热力、燃气及水的生产和供应业增长 12.1%，能源工业增加值增长 8.2%。

近年来，陕西油气产量趋于平稳，随着新技术的应用和勘探力度的增大，油气产量会进一步提升。图 2－4 中是陕西省 2010—2022 年各年天然原油及天然气的开采绝对量。2010—2014 年，开采量稳步增加，年增长趋势如图 2－5 所示，波动较大，存在不稳定因素。主要原因是 2014 年 8 月，受榆炼设备检修影响，全省原油产量、加工量及汽柴油产量降幅较大。其中，延长石油集团公司生产原油 94.04 万吨，环比下降 6.06%，同比下降 9.04%。全省原油加工量 157.26 万吨，环比下降 5.865%，同比下降 14.92%。汽油产量 50.03 万吨，环比下降 16.34%，同比下降 20%。柴油产量 63.79 万吨，环比下降 14.62%，同比下降 19.01%。中石油、中石化陕西分公司向陕西市场销售成品油 61.87 万吨，环比下降 9.44%，同比下降 4.52%。延长石油集团公司销售成品油 93.2 万吨，环比下降 2.75%，同比下降 5.86%。2015 年及之后的数年，陕西省天然原油产量持续下降，天然气持续增长，但是 2020—2021 年，新冠疫情全球蔓延，全球经济遭受重创。大部分国家实行居家隔离、减少经济活动等措施抑制病毒蔓延，给全球天然气市场带来了较严重的冲击。全球天然气市场需求下降，供需宽松加剧，国际天然气价格全线下跌，欧洲、美国和东北亚 LNG 现货价格创历史新低。陕西天然气产量由 2020 年的 527.38 万吨下降至 2021 年的 294.13 万吨，环比下降 44.2%，创历史新低，但在 2021 年之后，国际天然气市场开始复苏，预计 2025 年左右将出现短暂的供不应求。

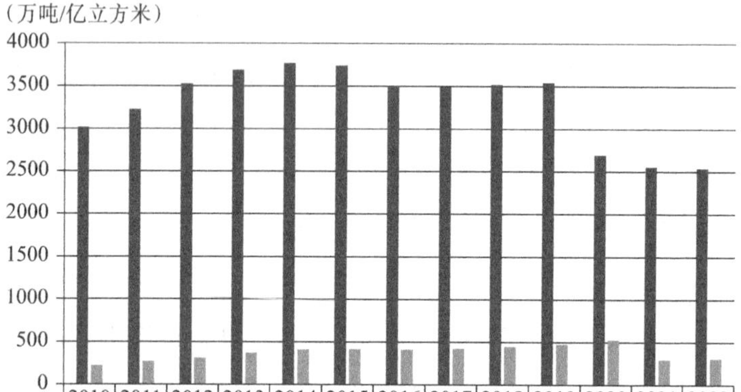

（年）	2010	2011	2012	2013	2014	2015	2016	2017	2018	2019	2020	2021	2022
■天然原油	3017.3	3225.4	3527.6	3688.0	3767.8	3736.7	3502.4	3489.8	3519.5	3543.2	2693.7	2552.8	2536.6
■天然气	223.47	272.21	311.27	371.65	410.11	415.92	411.91	419.4	444.48	473.42	527.38	294.13	307.11

■（万吨/亿立方米）天然原油　■（万吨/亿立方米）天然气

图 2-4　陕西省 2010—2022 年油气产量

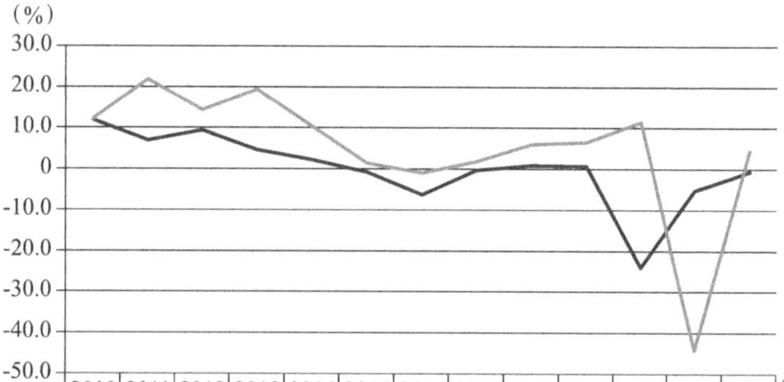

（年）	2010	2011	2012	2013	2014	2015	2016	2017	2018	2019	2020	2021	2022
—年增长率（天然原油）	11.9	6.9	9.4	4.5	2.2	-0.8	-6.3	-0.4	0.9	0.7	-24.0	-5.2	-0.6
—年增长率（天然气）	12.2	21.8	14.3	19.4	10.3	1.4	-1.0	1.8	6.0	6.5	11.4	-44.2	4.4

—年增长率（天然原油）　—年增长率（天然气）

图 2-5　陕西省 2010—2022 年各油气产量增长率

2.2.2　油气行业与区域经济增长之间的关系

(1) 油气资源开发对陕西地区的投入效应分析

投资是拉动经济增长的主要力量，投资增长与经济增长具有密切的关系。一方面，它对经济总量增长和经济发展具有强有力地推动作用；另一方面，投资需要经济不断地增长来支撑，投资规模的不断扩大，需要不断增长的物质技术和资金积累作为保障。实践证明，投资与陕西经济增长有着密切的联系，而石油化工行业又是高投入的行业，近几年国家和陕西地方政府都加大了对石油化工行业的投入力度，所以，分析石油行业固定资产投资对陕西区域经济发展的作用是必要的。这里的投入效应主要指油气资源开发对区域投资的拉动作用。

从表2-4和图2-1、图2-2中可以看出2010年以来，陕西石油工业的投资逐步加速，在全社会固定资产投资中起到举足轻重的作用，特别在第二产业中，其投资贡献率一度达到141.8个百分点。

(2) 油气资源开发对陕西地区的产出效应分析

这里的产出效应主要分析油气资源开发对陕西地区GDP的贡献。根据表2-5中的数据分析，可以得到以下结论：

①陕西石油行业工业增加值基本上占全区工业增加的绝大部分，工业增加值每增加1%，就可推动全区工业增加值增加接近10个百分点，其地位的重要性是毋庸置疑的。

表 2-4　油气资源开发对区域经济的投入效应分析

项目	2010 年	2011 年	2012 年	2013 年	2014 年	2015 年	2016 年	2017 年	2018 年	2019 年	2020 年	2021 年	2022 年
全社会固定资产投资额（亿元）	8562.04	10033.05	12840.13	15934.20	18709.69	20177.98	20825.25	23819.38	26248.97	26878.95	27846.59	26983.34	29115.03
增长率（%）	20.70	30.20	28.10	24.10	17.40	7.80	12.10	14.40	10.20	2.40	3.60	-3.10	7.90
第二产业投资额（亿元）	2984.87	3759.10	4849.30	5639.90	5890.70	6361.20	5594.60	5697.90	6011.28	6702.58	6669.06	6995.85	7576.50
增长率（%）	21.10	25.90	29.00	17.30	4.40	8.00	1.00	1.80	5.50	11.50	-0.50	4.90	8.30
石油工业固定资产投资额（亿元）	419.87	529.95	602.58	761.40	681.60	815.10	274.48	238.47	365.81	448.49	130.51	185.72	188.32
增长率（%）	28.56	26.20	13.70	16.40	-10.50	19.60	-66.33	-13.12	53.40	22.60	-70.90	42.30	1.40
石油工业对全社会固定资产投资贡献率（%）	1.38	0.87	0.49	0.68	-0.60	2.51	-5.48	-0.91	5.24	9.42	-19.69	-13.65	0.18
石油工业对第二产业投资贡献率（%）	1.35	1.01	0.47	0.95	-2.39	2.45	-66.33	-7.29	9.71	1.97	141.80	8.63	0.17

②陕西工业经济发展过度依赖油气行业，说明工业增长结构非常单一，而陕西的石油开采和产量又主要依赖于长庆油田和延长油田两大石油公司的计划安排，石油工业的经济效益受区外因素的影响较大，从而使陕西区域经济的发展在一定程度上受到区外因素的影响。

（3）陕西省油气产业集群区位熵分析

①油气产业企业数量区位熵

产业区位熵也叫地方专业化率，是反映某一行业在区域分工中的地位和作用的重要指标，通常被用作分析区域产业的比较优势和竞争力。

数量区位熵用于从企业分布的角度衡量地区产业聚集的程度。企业数量区位熵的计算公式：

$$NQ_{ij} = (N_{ij}/N_i) / (N_j/N)$$

其中，N_{ij}—j 地区 i 行业的企业数量；N_i—i 行业的全国企业数量；N_j—j 地区的工业企业数量；N—全国工业企业数量；NQ_{ij}—j 地区 i 行业的企业数量区位熵。

NQ_{ij}（企业数量区位熵）是从行业角度来看地方产业的聚集程度，它能够测度行业生产结构与全国平均水平之间的差异，由此可以判断一个地区某一产业的聚集程度。对于一个地区来说，如果一个产业不是地方性的，而是与全国整个工业成比例地散布在全国各地，那么该产业的区位熵就是 1。如果一个地区某一产业的区位熵大于 1，就可以断定这个地区该产业的聚集程度高，该产业地方专业化水平高。

在此选取陕西省分布于油气产业链上中下游且以油气资源为重要原料的 7 个工业行业为研究对象。

表 2－5　　陕西地区石油行业产出效应分析

项目	2010 年	2011 年	2012 年	2013 年	2014 年	2015 年	2016 年	2017 年	2018 年	2019 年	2020 年	2021 年	2022 年
陕西省 GDP（亿元）	10021.53	12391.30	14451.18	16045.21	17689.94	18171.86	19165.39	21898.81	24438.32	25793.17	26181.86	29800.98	32772.68
陕西地区规模以上工业增加值（亿元）	4630.69	5459.58	6641.54	7258.56	8078.78	8644.29	9240.75	9998.50	10918.36	11486.12	12083.40	13001.74	13924.86
增长比率（%）	33.5	17.9	16.6	13.1	11.3	7.0	6.9	8.2	9.2	5.2	1.0	7.6	7.1

从表 2 - 6 中不难看出，数量区位熵大于 1 的行业为石油和天然气开采业，石油、煤炭及其他燃料加工业，燃气生产和供应业三行业。石油和天然气开采业数量区位熵高达 3.2795，表明其在陕西省集聚程度较高，专业化水平也较高。但由于数量区位熵仅仅是作为产业企业数量集聚程度的反映，并不能就此做出最终结论，因此还要借助于产值区位熵指标。

表 2 - 6　　陕西省油气产业企业数量区位熵

行业	全国企业数量（个）	陕西省企业数量（个）	数量区位熵
石油和天然气开采业	150	8	3.2795
石油、煤炭及其他燃料加工业	2288	122	3.2788
燃气生产和供应业	3429	132	2.3671
化学原料及化学制品制造业	24381	366	0.9231
化学纤维制造业	2224	5	0.1382
橡胶和塑料制品业	25037	197	0.4838

数据来源：《中国统计年鉴（2022 年）》和《陕西省统计年鉴（2022 年）》整理计算所得。（规模以上工业全国 472009 个，陕西省 7676 个）

②油气产业产值区位熵

产值区位熵是指一个地区特定部门的产值在该地区总产值中所占比重与全国该部门产值在全国总产值中所占比重方面的比率。其表达式为：

$$PQ_{ij} = (P_{ij}/P_i) / (P_j/P)$$

其中，P_{ij}—j 地区 i 行业的产值；P_i—i 行业的全国产值；P_j—j 地区的工业产值；P—全国工业产值；PQ_{ij}—j 地区 i 行业的企业产值区位熵。

当 $PQ_{ij}>1$，表示具有行业优势；$PQ_{ij}<1$ 时，表示为行业劣势；$PQ_{ij}=1$，表示行业为一般水平。

从表 2－7 数据分析，产值区位熵大于 1 的行业仍然为前三者，与数量区位熵分析得出结论一致。不难看出，三者均为初级加工行业，经济附加值相对较低。尽管这三种行业集聚度很高，具有较高的专业化水平，但是从纯粹经济效益的角度来看，三者很难提升区域经济发展水平。这也是存在所谓的“资源诅咒”的一大根源。在当今全球经济一体化的时代背景下，优势产业的竞争更明显的表现为优势产业集群的竞争。陕西省作为我国油气资源大省，如何发展具备优势的油气产业集群，扭转“资源诅咒”现象，值得深刻探索。

表 2－7　　陕西省油气产业产值区位熵

行业	全国产值（亿元）	陕西省产值（亿元）	产值区位熵
石油和天然气开采业	7533.4	1325.5	2.10
石油加工、炼焦及核燃料加工业	40678.6	1550.6	0.40
燃气生产和供应业	6339.0	290.5	0.50
化学原料及化学制品制造业	82146.9	1475.4	0.20
化学纤维制造业	8022.4	17.1	0.03
橡胶和塑料制品业	30760.2	467.4	0.20

数据来源：由《中国统计年鉴（2018 年）》和《陕西省统计年鉴（2018 年）》整理（产值为规模以上工业企业产值水平，陕西省工业总产值 23825.2 亿元，全国工业总产值 279996.9 亿元）。

2.2.3　油气产业低碳发展的必要性

通过一系列数据和政策分析，油气产业和陕西省经济发展有着密不可分的关系，油气产业对全省经济有一定的拉动作用。国际油价在 2022 年虽然迎来了新一波价格回升，但是传统油气行业整体不景气。在国家低碳发展战略下，陕西省以“十四五”为契机，发布了《陕西省生态环境保护规划》，提出了“全省生态环境质量总体改善，主要污染物排放总量大幅减少，环境风险得到有效控制，重点生态功能区服务能力明显增强，重点治理区域生态环境突出问题基本解决，生物多样性保护得到加强，生态安全屏障更加牢固，生态文明建设水平与全面建成小康社会目标相适应”的总目标。在这样的背景下，绿色低碳发展就成为陕西油气行业改革发展的再上新台阶的必经之路。

2.3　油气产业低碳发展的财税政策研究

2.3.1　油气产业低碳发展研究

低碳发展的经济模式即运用低碳经济理论组织经济活动，以技术和制度创新为支撑，从而实现经济发展的低碳化。在技术方面，IEA、IPCC、OECD 等国际机构对涉及电力、工业、建筑和交通这四个重要产业的核心低碳技术的概念、特征、成本收益、技术现状、工业应用和商业项目、产业链、减排潜力、现存困难等问题进行了深入研究，制定出同减排情景下技术路线图，着重强调碳捕获与封存技术（Carbon Capture & Storage，CCS）、新型生物质能、太阳能、核电技术及智能电网等绿色技术的应用。同时，随着技术进步、技术外溢等概念引入低碳技术的分析框架，围绕着各行业低碳技术的综合应用，相关研究更为规范和动态化。麦克法兰等（McFarland et al.，2004）在 MIT EPPA 模型的框架下，把 CCS 技术引入多区域 CGE 模型。吉耶朗等（Gielen et al.，2005）在 IEA 的 ETP 模型框架下分析了 CCS 在世界 15 个地区的作用。赫尔佐克（Herzog，2005）从产业链和能源经济模型的角度分析了 CCS 技术的经济成本，指出其市场潜力巨大。Vrijmoed 等（2009）认为，政策设计直接影响技术进步的效果，长期来看，CCS 技术与可再生能源配套更具成本优势。奥尔芬（Alphen et al.，2009）基于研发体系的视角，对挪威、荷兰、澳大利亚、加拿大、美国 CCS 的进展和应用进行比较分析，强调企业、市场绩效、资源流动性、监管、立法等方面的政策导向。恩纳梅卡・文森特・埃莫迪（Nnaemeka Vincent Emodi，2018）等通过应用回溯法和探索性情景的方法，确定了澳大利亚电力管理部门潜在的降低能源消耗政策和应对气候变化的情景。鲍尔・菲利普（Ball Philip J.，2021）对石油、天然气和电力行业的能源多样化趋势进行了探索性分析，并审查地热技术是否在低碳能源组合中发挥作用综合分析表明，美国地热的监管、商业和金融环境具有挑战性，但地热创新增加了地热行业的足迹，可能为石油和天然气行业进入地热领域提供了一条途径，增加新的可扩展的低碳领域。什利亚平（Shlyapin D. A.，2022）等通过对乙炔生产技术的研究，认为该技术在工业上应用时间较长，同时探讨了从乙炔生产技术过渡到低碳或无碳天然气和煤等离子体化学工艺的可能性。

而在我国，对油气产业的低碳发展，主要是理论性探讨。杜伟（2010）研究了低碳经济与中国石油石化行业的发展，中国石油石化行业应加快结构调整，强化节能增效减排；积极研发低碳相关技术；因地制宜，有效开发和利用新能源；加强 CCS 和 CCU 技术的储备和应用；加强减排管理和人才培养。杨艳（2010）在分析当前世界各国，特别是不同的利益集团发展低碳经济的动向、趋势及我国采取的政策措施的同时，还介绍了国际大型跨国石油公司应对低碳经济的思路、对策和举措，并就中国石油集团如何发展低碳经济提出了相关建议。钱磊等（2010）通过低碳经济产生的背景、国家对节能减排的目标分析了对石油行业的影响，指出石油行业该通过何种手段来发展低碳经济，从多角度阐明了低碳经济对石油行业发展产生影响的原因和程度，以及如何面对压力。赵星等（2010）研究了埃克森美孚、BP、壳牌、雪佛龙国际大石油公司低碳发展实践及其启示，认为中国石油企业应结合自身实际，积极开发和应用低碳技术，积极参与低碳经济政策制定，树立负责任的能源公司形象。李宏勋等（2013）运用层次分析法（AHP），定性与定量分析相结合构建中国油气工业 SWOT－AHP 模型，分析了中国油气工业的内外部环境，得出中国油气工业应以国家政策和对外合作机会为依托，强化低碳相关技术的研发，积极拓展天然气业务，有序推进新能源业务，并加强国际合作，迈向国际化发展之路。薛梦洁（2014）采用产业生命周期模型和 SCP 模型，探究中国石油工业的成长阶段及现状，发现中国石油已进入成熟期。采用 PEST、五力分析及产业链分析模型，探究中国石油工业在低碳经济环境下的内外部发展状态，总结出其内部优势、劣势及面临的机会和威胁。通过SWOT模型和层次分析法对其进行定性和定量分析，认为中国石油工业应选择多元化的成长战略，作为其低碳发展规划，并应得到政府提供保障措施，以确保成长战略的成功实施。孟思琦等（Meng Siqi et al.，2022）利用2011—2020年中国30个省份的碳生产率、可再生能源电力消费水平、技术进步、国民经济发展水平、人口、能源效率、产业结构合理性等数据，基于STIRPAT模型，在同时考虑空间横向维度和时间纵向维度的情况下，实证分析了中国各省份可再生能源电力消费对碳生产率的影响。实证结果表明：中国碳生产率存在明显的空间溢出效应，可再生能源利用对低碳经济发展具有积极的促进作用。

2.3.2 油气产业、碳排放与区域经济增长

油气产业作为重要的生产要素行业，是区域经济发展的物质基础行业。但从国际和国内已有的区域经济发展实践来看，资源富集但是经济发展缓慢的事例屡见不鲜，形成所谓的“资源优势发展悖论”，即“资源诅咒”现象。主要的几个解释为：贸易条件的恶化（Auty，2001）、“荷兰病”效应（Thomas Gunton，2003）、人力资本投资缺乏等方面（Sachs and Warner，1997）。但焦兵（2011）实证研究表明，陕西油气资源丰裕度与经济增长在0.01的水平上呈现显著的正相关，资源开发并未产生“资源诅咒”效应。可能的原因是，传统解释忽略了这些资源富集地区在经济发展中由于违背了比较优势的原则，从而限制了油气资源采掘业向下游产业延伸的能力，割裂了油气采掘业和加工产业之间的链条，最终导致其资

源优势不能有效地转化为区域经济发展的产业优势（董春诗，2008）。由于油气产业是高碳排放产业，这种行业特性也导致了其与经济发展之间的复杂关系。20世纪90年代以后，美国经济学家格罗斯曼等（Grossman et al.，1991）提出了“环境库兹涅茨曲线”（EKC）概念，认为环境质量同经济增长一样也是呈倒“U”形关系。近10年来，国外围绕碳排放与经济增长能源消费之间关系的研究逐渐成为热点，其中支持碳排放EKC曲线存在的有效证据较多。里士满（Richmond，2006）提出对于OCED国家而言，存在一定的证据表明EKC关系的存在，而对于非OCED国家而言则不存在EKC关系。随后，黄（Huang，2008）也发现有七个发达国家出现了EKC现象。哈利斯、钱伯斯和卡恩（Harris，Chambers and Kahn，2009）从选取单一环境指标的分析模式扩展为综合指标方式，他们构建了综合环境指标（生态足迹指标）来代表环境污染情况，实证分析结果也表明生态足迹与人均收入之间并不存在典型的EKC曲线关系。之后，有学者探讨环境库兹涅茨曲线（EKC）概念中自然资源、金融一体化、生态创新和清洁能源对生态足迹的影响，应用了一种新的动态自回归分布滞后（D-ARDL）技术，该技术足以自动绘制1980—2020年解释变量的正负模拟。结果发现，自然资源在短期和长期内都会减少生态退化，且金融一体化降低了生态质量，而可再生能源和生态创新则保持了环境绩效（Rehman Mubeen Abdur，2022）。

在我国，碳排放与经济发展的研究主要集中在全国和省际层面且以总量研究为主，工业层面的研究较少。陈文颖等（2004）用MARKAL-MACRO模型研究碳减排对中国能源系统的影响。吴等（Wu et al.，2005）基于中国各省数据，运用“三层完全分解法”

研究了1985—1999年碳排放变化及其潜在驱动因素。徐国权等（2006）采用对数平均Divisia分解法（LMD）将中国人均碳排放分解为能源结构、能源效率与经济发展等驱动因素。在工业层面上，昂等（Ang et al.，1998）对中国8个行业能源消费导致的碳排放研究后发现，工业总产出变化对1985—1990年工业CO_2排放产生较大的正向效应，而能源强度变化对CO_2排放起到较大抑制作用。刘等（Liu et al.，2007）、刘红光等（2009）和陈诗一（2011）均采用LMDI方法、采用中国多个行业（30个以上）序列数据研究了工业CO_2排放强度的影响因素，如发现经济总量增长、能源结构、工业结构和能源强度是工业CO_2排放强度的主要因素。李小平等（2010）则研究了国际贸易与污染产业转移对中国20个工业行业CO_2排放的影响，发现国际贸易因素有助于减少排放总量与强度。总之，最近出现的工业行业CO_2排放研究主要思路是采用结构分解法（SDA）和对数均值迪氏指数方法（LMDI）从总量上进行因素分解，而很少涉及行业本身特征及相关政策的影响。何建坤（2018）认为，实现二氧化碳排放达峰，将成为中国经济转型的重要转折点和里程碑。这一目标的实现，将标志着经济增长与二氧化碳排放的完全脱钩，同时也将从根本上控制和减少二氧化硫、氮氧化物、烟尘等常规污染物的排放，有助于国内环境质量的全面改善。周丽等（2020）认为，中国已将发展绿色低碳经济作为一项重要战略选择。尽管更为严格的低碳目标在一定时期内可能会造成社会福利受损，但因低碳排放路径所能带来的协同效益而实现的低碳发展目标可以抵消部分损失，甚至可以更低的成本加速实现中国的低碳目标。也有一些学者用LMDI模型对我国的碳排放进行分解研究。比如付云鹏等（2019）使用该方法研究了我国二氧化碳排放的影响因素。胡庆龙（2020）利用 LMDI 分解得出经济水平是影响 PM2.5 排放的决定性因素，二者有着显著的正向关系。王敏（2021）结合脱钩指数和分解指数，研究青海省能源消耗和碳排放变化的影响因素。

2.3.3　油气产业低碳发展的财税政策研究

世界范围内，促进低碳发展的财税政策研究和实践文献很多。陈新平（2010）、何平均（2010）、袁虎等（2011）、于艳芳等（2011）等选取美国、欧盟、日本、新加坡作为发达国家样本，印度作为发展中国家样本，从财政补贴、政府采购等方面比较分析了各国所实施的低碳财政税收政策，总结归纳了与中国的异同，以供我国财税政策制定借鉴。具体地，世界各国纷纷通过补贴、奖励、减免、折扣等财税政策来促进低碳发展，详见表 2－8：

表 2－8　　国内外促进油气产业低碳发展的财税政策

国家	财政补贴或资助去向	优惠贷款或基金	绿色政府采购	政府奖励	碳税政策
美国	低碳研发示范、企业节能减排、新能源汽车、智能电网等	低息能效贷款，可再生能源债券和基金等	《政府采购法》、总统行政命令等	地方政府太阳能奖励计划等	拟出台碳关税
欧盟	低碳研发示范、企业节能减排、新能源汽车、CCS 技术等，英国“碳预算”等	无息能效贷款，碳基金、海洋研究基金等	欧盟发布《政府绿色采购手册》	欧洲能源奖励等	“地球变暖对策税”、碳税、能源税、气候变化税

续表

国家	财政补贴或资助去向	优惠贷款或基金	绿色政府采购	政府奖励	碳税政策
澳大利亚	《温室气体减排计划》	—	—	—	—
日本	低碳研发示范、企业家庭高效节能、新能源汽车等	特设利率贷款计划，碳基金等	绿色政府行动计划、《绿色采购法》	10大能源利用奖励计划等	—
新加坡	太阳能研发、建筑节能提效等	市场发展基金、环境建设基金等	—	现有和新建筑物节能奖励计划等	—
印度	新能源和可再生能源、氢气能源等		—	—	清洁能源税
中国	低碳研发示范、企业节能减排等	节能减排及可再生能源专项基金	关于环境标志产品政府采购实施意见等	—	—

注：促进低碳的基本法规：《中国应对气候变化国家方案》（2007.6）、《节能减排综合性工作方案》（十四五，2021.8）、《可再生能源发展规划》（十四五，2021.12）；《清洁生产促进法》（2002.6）、《可再生能源法》（2005.2）、《节约能源法》（2007.10）、《循环经济促进法》（2008.8）、《气候变化应对法》（2021.11）等。

然而，目前对油气行业低碳发展下的财税政策直接研究文献很少。仅有的少量研究只是未涉及低碳发展条件下的财税政策研究。如王勇（2008）研究了国际油气财税制度对比及我国的政策选择；赵选民等（2008）专著论述了中国石油财税制度，包括理论研究和政策解读；何巍等（2009）对国外石油税费制度模式、财税制度类型、油气矿业主要税费种类进行研究，并对国外石油税费的特点进行归纳，以期对我国石油税费制度的完善提供借鉴。赵哲（2020）实证检验发现，财政支出在产业结构、贸易开放水平等因素的影响下，对碳排放可起到正向或负向的作用。雷恩等（Ren et al.，2021）研究发现 21 个 OECD 国家 1991—2014 年税收负担和碳排放之间存在稳定的 U 形关系。

不可否认，在有关碳税和能源税的研究和实践中，油气产业是最为关注的行业。在国外，针对 CO_2 减排的碳税被众多专家认为是最成本有效的减排手段（OECD，1996；EEA，1996），甚至有人提出在全球范围内征收国际碳税，如哈佛大学的 R. Cooper 教授。在油气产业层面上，巴伦（Baron，1997）认为碳税对产业竞争力的作用主要是通过影响其生产成本。从短期看来单边碳税的实施会对某些行业影响比较严重，比如能源密集型行业；但长期看，不一定会导致国际竞争力减弱。2003 年欧盟出台的《重构对能源产品和电力征税的欧盟框架指令》，即“能源税”指令。能源税指令的核心内容是为欧盟各国使用化石原料和电力分类制定最低税率，分为车用燃料、工业或商业用燃料和加热用燃料和电力。戈托（Gt，2005）通过一个简化的一般均衡模型分析碳税对宏观经济和工业部门的影响。弗洛罗斯和弗拉丘（Floros and Vlachou，2005）探讨了碳税对希腊制造业及能源相关行业二氧化碳排放的影响，结果显示碳税能够有效的减缓气候变暖。威沙姆（Wissema，2007）利用 CGE 模型分析碳税和能源税对爱尔兰经济的影响，发现碳税会显著改变生产及消费模式，使其向新能源及低碳能源转变。李（Lee，2008）分析了碳税和排污权交易对不同工业部门的影响，结果显示仅征收碳税对 GDP 有负面影响，若同时实施排污权交易则会拉动GDP增长。在国内，理论界大多都倾向于碳税是以减少二氧化碳的排放为目的，应对化石燃料（如煤炭、天然气、汽油和柴油等）按照其碳含量或碳排放量征收的一种税。张明文等（2009）认为现阶段我们应该分地区、分税率进行碳税征收，以使我国大部分地区在保持经济增长和体现社会公平的前提下实现节能减排目标。财科所苏明等（2009）在《我国开征碳税问题研究》等系列报告，从税制诸因素角度初步设计了碳税制度的基本内容，并提出了中国碳税制度的实施框架，包括碳税与相关税种的功能定位、开征碳税的实施路线图及相关的配套措施建议等。中国环境与发展国际合作委员会2009年11月发布的政策研究报告《能源效率和环境保护经济政策》中关于碳税的具体制度设计基本同财科所一致，不同的是，其在碳税的税率选择上，提出比前者更低的方案，并建议建立碳税税率的动态调整机制。樊纲（2020）在《走向低碳发展：中国与世界》的专著中，研究了中国开征碳税的一般均衡模型分析，认为碳税的征收不仅可以减少CO_2排放，而且碳税主要是征收在化石燃料的使用上，从而可以减少其他传统污染物，如颗粒物，二氧化硫等，带来巨大的“伴随效益”。许英明等（2021）认为，从中短期看，碳关税对中国的影响主要体现在贸易上。从长期看，碳边境调节机制将对国际贸易规则产生较大的影响，基于气候变化的贸易竞争将加剧，碳排放定价权争夺将更加激烈。姜婷婷等（2022）指出，碳关税可能会对我国出口贸易产生潜在威胁，对我国财税机制发展提出迫切要求，使我国产业结构面临急速转型的被动局面，碳关税防止碳泄漏的直接方法就是对在国内尚未征收碳税的出口产品征税。

研究趋势是，在面对增加油气供应和CO_2减排的双重压力下，油气产业的低碳发展将直接面临成本、技术、工艺、管理与替代能源竞争，以及勘探、开发、炼化等各个环节技术和管理水平提升等挑战。如何引导、支持和鼓励石油企业加快转变发展方式，努力实现发展方向低碳化，政府除了支持技术创新外，财税政策创新也是基本策略。财税政策由政策目标、实施手段、传导机制三部分组成。其中，政策目标构成政策的核心内容，使政策具有确定的努力方向和指导作用；实施手段是指为实现既定的政策目标所选择的组织方式和操作方式，其主要实施手段就是税收与公共支出；传导机制是指政府通过众多的财政工具最终作用于经济而实现财税政策目标，传导媒体包括收入分配货币供应和价格等。同时，从发达国家的经验来看，财税政策也是促进经济低碳发展的最为重要的手段。因此，陕西油气产业如何实施国家低碳发展战略，保障油气供应和拉动地方经济增长，已经成为一个重要的课题。

2.4　已有研究的基本评述

综上所述，油气产业低碳发展主要从可持续发展理论和产业经济角度出发，而油气产业、碳排放与区域经济增长之间呈现出较复杂的关系，存在“资源诅咒”现象，在全球绿色发展的前提下 CO_2 排放对油气产业发展具有较大的成本和转型压力。尽管世界范围内，促进低碳发展的财税政策研究和实践文献很多，但针对不同区域、不同油气公司、甚至不同的油气品种，研究结论差异较大，油气财税政策的政策目标、实施手段、传导机制由于不同的国家或产业环境，经济效应并不相同。在我国油气产业基本垄断和当前油气产业和区域经济低碳转型的条件下，陕西作为油气区域大省，支持油气企业低碳发展的财税政策研究具有较强的示范效应，但相关研究并不丰富，需要进一步理论探讨和实证分析，用好财税政策手段，支持陕西油气产业低碳发展。

第 3 章

油气产业与财税政策的关系

3.1　油气产业特征与财税政策的特殊性

3.1.1　油气资源的供求事关国家战略

（1）油气资源需求量大，排碳量居高不下

随着我国工业化进程加快，国民经济增长对石油消费依赖加深已成为不争的事实。根据国家统计局公布的数据，2010—2022 年，我国国内生产总值（GDP）年均增长 6.6%，虽然我国经济增长进入新常态环境下，自 2015 年以来 GDP 增长速度持续低于 7%，在 6.6% 上下波动，但石油消费平均增长率高达 5.78%，天然气平均消费增长为 14.51%，能源消费弹性系数①在 2022 年达到 0.97。据 BP 统计，每桶石油的年均价格由 2017 年的 54.19 美元每桶增长至 2018 年的 71.31 美元每桶，但平均每天消费量仍为正数增长 140

① 能源生产弹性系数 = 能源生产总量年平均增长速度/国民经济年平均增长速度。

万桶，中国每天消费增长就占其中的68万桶。天然气消费增长1950亿立方米，约为5.3%，是1984年以来增长速率最快的一年，中国继美国780亿立方米消费增长量后，位列第二，增长量达到了430亿立方米。我国的能源消费结构中，煤炭、石油和天然气分别居一二三位，但从发展趋势来看，煤炭消费总量呈降低趋势，天然气和石油消费总量呈现增大趋势，这也符合我国“十四五”节能减排工作的战略部署。

（2）油气资源的供给稳步提升，但供不应求

与我国能源需求相应的是能源供给，自2015年习近平总书记在中央财经会议中提出供给侧结构性改革以来，“三去一降一补”成为我国经济结构改革的重要任务。2016—2022年，我国累计退出煤炭落后产能8.1亿吨，提前两年完成“十三五”去产能目标任务。2019年深入推进煤炭结构性去产能，关闭退出落后煤矿450处以上，持续推进煤炭优质产能释放，推进煤矿产能向资源富集地区集中。但我国能源生产结构仍然是以煤炭生产为主导，原油产量不断下降。2022年，原油产量达到了2.05亿吨，是连续五年低于2亿吨水平之后第一次高于2亿吨水平，天然气产量达到了2201.1亿立方米。2019年后，习总书记先后作出“把能源的饭碗牢牢端在自己手里”等11次重要指示批示，党的二十大报告在论述国家安全时，再一次强调确保能源资源安全。保障国家能源安全成为油气行业重大政治使命。因此，加快油气资源的勘探开发，加大投资，提高产量已然成为我国油气产业未来发展的方向。要严格落实中央加大国内勘探开发力度要求，实现“十四五”产量2亿吨稳产目标，按照“深化东部、发展西部、立足近海、加快深水”的总体布局，突出发展新疆地区、海域、四川盆地、鄂尔多斯盆地等

地区，巩固松辽、渤海湾等地区，实现全国原油生产的总体协调接替。见图 3－1 至图 3－3。

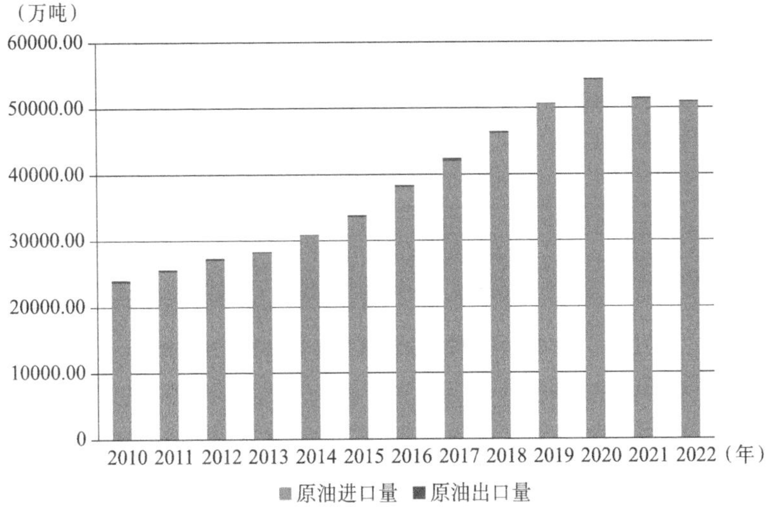

图 3－1　2000—2022 年我国原油进出口量对比

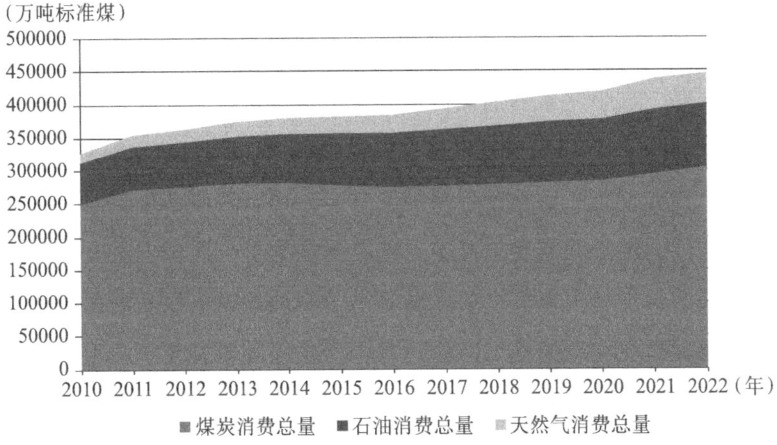

图 3－2　2000—2022 年我国主要化石能源消费数量

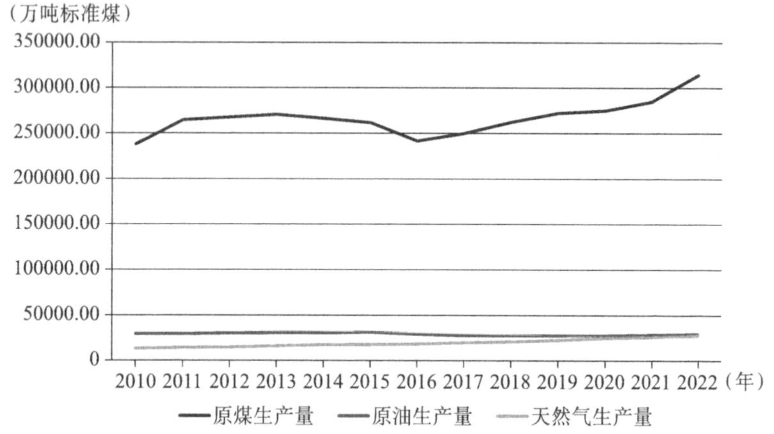

图 3-3　2000—2022 年我国主要化石能源生产数量

数据来源：国家统计局 http：//www. stats. gov. cn/。

（3）进口的依赖度高，能源供应安全形势紧迫

2022 年，结合中国海关统计数据，我国进口能源总量攀升至 5.4 亿吨，继续稳居全球最大原油进口国的地位，原油对外依存度创历史新高，达到 70.8%。当前国际形势紧张，贸易保护主义盛行，以美国为代表的西方资本主义国家在看到中国近几年的迅速发展的同时，滋生一系列加征关税、单边贸易等行为，使中国能源环境从“比较安全”向“比较不安全”转移。国际油价波动、地缘政治、气候变化、运输等各种因素都会对中国经济产生影响。国际油价与国内油价联系更加紧密，涨跌更加频繁。能源安全是一国经济发展的根本和国家安全的命脉。由于石油进口依赖度的提高，中国的能源产业和石油化工产业、汽车产业等发展过程中，主动权会相应地下降，尤其对石油石化产业，产业链更长、关联度更大，原材料供应和价格波动将会对其产生直接而长远的影响。

（4）油气资源存量与碳排放，由“油”向“气”发展成为当

前发展方向

2015年的巴黎气候大会上，全世界达成了《巴黎协定》的共识，我国也提交了2020年后的国家自主决定贡献（NDC）目标，即到2030年单位GDP的二氧化碳强度比2005年下降60%～65%，非化石能源比例达到20%左右，努力实现二氧化碳排放在2030年左右达到峰值并努力早日达峰。2020年9月22日，国家主席习近平在第七十五届联合国大会上宣布，中国力争2030年前二氧化碳排放达到峰值，努力争取2060年前实现碳中和目标。该目标具有更大的挑战，也需要做出更大的努力。在油气资源中，天然气被认为是较为清洁、优质的能源，具有高热值、低含碳量等特点，在相同耗能时的排污量比煤炭、石油低很多。加大天然气的开发使用，用以替代煤炭和石油等高碳、高污染能源可以降低污染物的排放。在我国不断探索可再生能源的生产技术、成本和监管的这一过渡时期，促进天然气的开发利用无疑为中国的经济、社会与环境的可持续发展创造更多的时间和空间。

据2015年全国油气资源动态评价结果显示，全国常规天然气（含致密气）地质资源量90.3万亿立方米，可采资源量50.1万亿立方米。全国埋深4500米以浅页岩气地质资源量121.8万亿立方米，可采资源量21.8万亿立方米，全国深埋2000米以浅煤层气地质资源量30.1万亿立方米，可采资源量12.5万亿立方米。截至2016年底，全国累计探明常规天然气（含致密气）地质储量11.7万亿立方米，累计产量1.4万亿立方米，资源探明率13.0%，探明储量采出程度12.4%，剩余可采储量5.2万亿立方米。这表明中国天然气资源探明率和探明储量采收率均较低，通过科技创新、技术进步可释放较大的资源潜力。能源的消耗会导致二氧化碳等温室气体排放，根据下式可以测算出能源相关的二氧化碳排放量：

$$CE_j = \sum EC_{ij} \times EF_i$$

其中，CE_j表示第 j 年的总碳排放量，i 表示不同能源种类，EC_{ij}表示第 i 种能源在第 j 年的消费量，EF_i表示第 i 种能源的排放因子。参考《中国能源统计年鉴 2022》，不同种类的能源的排放因子如表 3－1 所示。

表 3－1　　不同能源品种的碳排放系数

能源种类	碳排放系数	能源种类	碳排放系数
原煤	0. 7718	柴油	0. 5912
洗精煤	0. 7437	燃料油	0. 6176
其他洗煤	0. 7437	石脑油	0. 5854
型煤	0. 9823	润滑油	0. 5854
煤矸石	0. 9823	石蜡	0. 5854
焦炭	0. 8611	溶剂油	9. 5854
焦炉煤气	0. 3975	石油沥青	0. 6439
高炉煤气	0. 3512	石油焦	0. 8049
转炉煤气	0. 3512	液化石油气	0. 5034
其他煤气	0. 3512	炼厂干气	0. 5327
其他焦化产品	0. 8635	其他石油制品	0. 5854
原油	0. 5877	天然气	0. 4484
汽油	0. 5532	液化天然气	0. 4484
煤油	0. 5737	其他能源	0. 3571

数据来源：《中国能源统计年鉴 2022》。

综上所述，我国石油对外依赖度高达 70%，已经远远超过了国际能源安全警戒线 50%。在我国能源消费量急剧增加的时刻，“管住中间、开放两头”进行油气改革，建立开放统一、竞争有序的油气资源勘探开发市场，保证我国油气供给安全是大势所趋。而油气资源的多元化开发必然受到我国碳减排目标的束缚，油气行业在加大自主资源开发的同时必须考虑低碳发展，使用清洁技术、研究开发低碳技术、引入低碳设备是油气行业必须考虑的重要因素。并且我国“富煤少油缺气”的能源现状，要求油气行业在勘探开发过程中提高天然气使用效率，减少能源低效率消耗是发展低碳经济的重中之重（见表3－2）。

表3－2　天然气、石油、煤炭燃烧时排污量比较（按单位热值计算）

燃烧产物	天然气	石油	煤炭
CO_2	3	4	5
SO_2	1	400	700
NO_2	1	5	10
灰分	1	14	148
CO	1	16	29

数据来源：胡朝元等，2004；美国能源部，2009；Yuan等，2017。

3.1.2　油气产业低碳技术具有正外部性

（1）低碳的技术应用

由于能源的不可再生性，高耗能行业在消费更多能源的同时也产生了更多的温室气体，节能不仅成为该类企业亟须解决的问题，也成为全社会追求更美丽更清洁的环境而发出的呼吁之声。一方面，我国已有的技术节能通过采取各种技术手段来直接实现节约能源，结构节能是通过调整产业结构、产品结构、工业布局、生产规模等途径达到间接节能的效果。另一方面，结构节能手段比技术节能措施实施的难度更大，也具有更大的不确定性，而技术节能却可以通过一些关键技术的推广应用落到实处。我国发展改革委员会也发布了多个批次的《重点节能技术推广目录》，引导工业企业更好地实现节能，而这些节能技术也可以实现减排二氧化碳的效果，因此也称为“低碳技术”。

低碳技术的原理包括三类。第一类为源头控制，包括各类替代能源和替代原料技术措施。例如，通过使用天然气替代煤作为合成氨生产的原料。第二类为过程控制，包括各种节能和提高能源利用效率的技术。例如，新型干法水泥窑低温余热发电技术，回收水泥生产设备中的余热，用于发电，平均每生产1t水泥可节电32kWh，减排28kg二氧化碳技术。第三类为末端控制，主要指二氧化碳的捕集与封存技术（CCS）及二氧化碳的捕集、利用与封存技术（CCUS）。技术原理是把电厂、钢铁厂、水泥厂、化工厂等高碳排放企业所产生的二氧化碳捕集起来，能够在食品、饮料等行业利用起来的就加以回收利用，否则就通过专门的技术手段输送并埋存到废矿或者海底。

对于油气行业来说，通过勘探开采更多的天然气资源进行源头控制碳排放量，通过加快技术研发，提高能源利用效率在生产过程进行碳排放控制来达到低碳目标。其中涉及的各项技术和设备的引进和购买，都相应会加重企业的环保负担，提高成本和费用。对于某项低碳技术措施，采用下式测算其二氧化碳减排量（减排潜力），主要参数如表3－3所示：

$$ER = \Delta ER \times \Delta P/1000$$

式中：ER—单项技术的二氧化碳减排量（万吨CO_2）；

ΔER—单项技术的单位减排量（$kgCO_2/t$产品）；

表 3－3　石油和化学工业实用技术及主要参数

技术名称	推广比例				单位节能量	单位减排量
	2010 年	2015 年	2020 年	2025 年		
乙烯裂解炉空气预热	90%	95%	98%	100%	17kg 标准煤/t 乙烯	35kgCO_2/t 乙烯
乙烯大型高参数板壳式换热	2%	40%	45%	50%	97kg 标准煤/t 乙烯	201kg CO_2/t 乙烯
新型吸收式热变换器	5%	10%	30%	50%	83kg 标准煤/t 乙烯	172kgCO_2/t 乙烯
原油加工换热设备超声波在线防垢	1%	40%	80%	100%	3kg 标准煤/t 乙烯	6kg CO_2/t 乙烯
氨合成回路分子筛	40%	80%	90%	100%	32kg 标准煤/t 乙烯	84kgCO_2/t 乙烯
合成氨非熔渣－熔渣水煤浆分级气化	0%	10%	25%	33%	220kg 标准煤/t 乙烯	581kgCO_2/t 乙烯
合成氨粉煤加压气化	0%	10%	25%	33%	220kg 标准煤/t 乙烯	581kgCO_2/t 乙烯
合成氨多喷嘴对置式水煤浆气化炉	0%	10%	25%	33%	220kg 标准煤/t 乙烯	581kg CO_2/t 乙烯
合成氨节能改造综合技术	50%	80%	90%	100%	300kWh/t 氨	258kg CO_2/t 氨
密闭环保节能型电石炉	30%	60%	65%	70%	300kg 标准煤/t 乙烯	792kgCO_2/t 乙烯
新型导电铜瓦把持器电石炉	1%	5%	15%	30%	113kg 标准煤/t 乙烯	298kg CO_2/t 乙烯
新型高效节能膜极距离子膜电解	1%	30%	45%	60%	230kg 标准煤/t 乙烯	607kg CO_2/t 乙烯
新型变换气制碱	25%	40%	45%	50%	122kg 标准煤/t 乙烯	322kg CO_2/t 乙烯

数据来源：何建坤，周剑，欧训民，等，2019. 能源革命与低碳发展［M］. 北京：中国环境出版集团。

ΔP—单项技术从基年到目标年之间推广的产能（万吨产品），可通过下式计算得到。

$$\Delta P = m \times PB - n \times PT$$

式中：m—单项技术在基年的推广比例（%）；

n—单项技术在目标年的推广比例（%）；

PB—该技术所属行业在基年的产量（万吨产品）；

PT—该技术所属行业在目标年的产量（万吨产品）。

（2）油气产业低碳发展的外部性

石油和天然气的勘探开采在我国属于垄断型企业。石油开采前期工作耗资巨大，要进行大量的地质勘探和开采工作，分析地下油气藏的分布情况，规划生产布局，包括钻井、采油和储运，并不断提高油气藏的采收比例，涉及复杂的技术问题。并且这些工作必须持续下去，才能保证有效益的工业开采。对于特定区域来说，油藏的专有知识必然是排他性的，这也是对该地区开采权的排他性根据。众所周知，石油和天然气属于不可再生的稀缺能源。但天然气又属于清洁能源，是不可再生能源燃烧后碳排放量最低的高热量优质能源。因此，全人类对它的需求始终有增无减。“不可再生”，决定了它的供给的有限性；“清洁”，决定了人类对它的需求的无限性，从而在社会主义市场经济条件下，其必然具有“私人物品”的性质，而非“公共物品”。但是，从利用低碳的技术后，其碳排放会减少这一角度看，油气资源又带有“准公共物品”的特征。经济学中的“公共物品”主要有两大特征：一是消费上的非竞争性；二是受益上的非排他性。对于油气产品来看，一个人或企业的消费，并不能排除其他个人或企业消费，但加以进行低碳技术改造变为极低碳排放之后，则会对社会产生较大收益，产生了收益上的排他性，这种社会收益大于私人成本并且大于私人收益的产品，导致使用低碳技术后的油气产品具有明显的“公共”特征，产生外部性，外部性会导致社会资源难以达到帕累托最优配置。外部性解决通常有四种解决方案：第一，对边际私人收益小于社会收益的经济主体进行财政补贴，增加其边际私人收益，从而实现社会福利最大化。第二，经济学家庇古提出，对造成负外部性的经济主体增加其边际私人成本，让外部成本内部化，达到“谁污染，谁治理”的效果。“庇古税”的提出也强调了政府在协调具有外部性效应时应发挥的作用和采取的措施。第三，政府对负外部性进行限制，减少其对社会福利的损害，从而促进社会经济正常有序进行。第四，科斯定理表明，如果产权明晰，通过市场交易谈判可以达到资源配置的最优效率，而明晰产权是政府在发挥市场的基础性资源配置作用应考虑的问题。

外部性理论对私人成本、社会收益的分析，以及政府对经济进行干预、矫正市场失灵提供了理论基础。但就油气行业来说，油气资源的勘探开发，为国民经济平稳运行提供了基础，事关国民经济命脉，社会关联度高、经济渗透性强，有着显著的能源安全效益、环境保护效益、经济集聚效益等外部溢出效益，对其所产生的碳排放的负外部效应进行限制可能会引发产出量更低，为社会提供能源量更少的恶性循环。因此，为了实现低碳技术在油气行业的广泛应用，政府部门有必要通过财政支出、税收优惠等财税政策，鼓励油气企业加速低碳技术的研发、增加低碳基础设施的引进购买、优化油气资源配置，弥补企业因应用低碳技术而产生的外部成本，拉动油气企业增加产量，保障国民经济发展的同时提高社会的福利水平。

3.1.3 财税政策支持油气产业低碳发展的作用机制

油气产业是资金、人才和技术密集型行业，前期的高投入带来高风险性和收益的不确定性，需要政府的财税政策进行激励，尤其是油气行业在发展的过程中采取的环保、节能减排举措，会加大油气行业的投资成本。政府的财税政策包括财政激励政策和税收优惠政策。财政激励政策包括价格补贴、财政直接投入、财政贴息、政府设立专项技术投资基金和加大金融机构的贷款力度等事前激励政策，以及政府通过事后采购或者引导消费者、其他企业采购等激励方式。税收优惠包括税收减免、税收豁免、税收抵免、税收扣除、优惠税率、延期纳税、加速折旧、盈亏相抵、优惠退税（含再投资退税）、出口退税等政策。

（1）财税政策促进油气行业低碳发展增加投资

2014 年油价暴跌以来，打击了投资者的积极性，油气投资大幅度下降。随着前期油田加大勘探开发，油气资源将面临递减的自然规律，但如果油气投资长期不足，在油气行业低碳转型的过程中可能面临新能源接续难，油气供应不足的局面。因此，政府应该进行政策引导，鼓励油气行业增加投资建设。如图 3－4 所示，横轴代表了油气行业的投资，纵轴代表收益或成本。假设油气行业的边际收益为 MR，边际成本为 MC。边际收益与边际成本相交于 E_0 点，确定的投资水平为 I_0。在油气行业处于绿色低碳转型期时，其边际成本将由 MC_0 上移至 MC_1，此时 MC_1 与 MR_0 相交于 E_1 点，进而确定了更低的投资水平。财政激励政策通过提高油气产业边际收益促进油气产业投资增加。如图 3－4 所示，财政激励政策通过提高油气行业的边际收益 MR_0 上移至 MR_1，边际收益曲线 MR_1 与 MC_1 曲线相交于 E_2 点，E_2 点的投资水平高于 E_1 点的投资水平。因此，财政政策的激励将加大油气行业在低碳转型期的投资水平。其中，E_0 与 E_2 点的投资水平的高低取决于低碳发展成本的增加幅度和政府财政政策的激励程度，即使 E_2 的投资水平也可能低于 E_0 点的投资水平，但必定高于 E_1 点的投资水平，结果是必定改善了油气行业绿色低碳转型期的投资水平，并且通过投资乘数扩大了增长效应，使油气行业的产出大于投资额的增加。此外，政府对油气行业低碳转型期的价格补贴，则通过财政支出乘数效应扩大油气行业的产出。

税收优惠政策主要是通过降低油气产业低碳产品的成本，从而拉动油气行业低碳发展的投资。如图 3－4 所示，油气产业在低碳发展中边际成本将上升，边际成本曲线由 MC_0 移至 MC_1，与边际收益曲线 MR_0 相交于 E_1，导致油气产业投资减少。而税收优惠政策会降低低碳产品的边际成本，边际成本曲线由 MC_1 向下移至 MC_2，与边际收益曲线相交于 E_3 点，抵销由于油气行业低碳发展

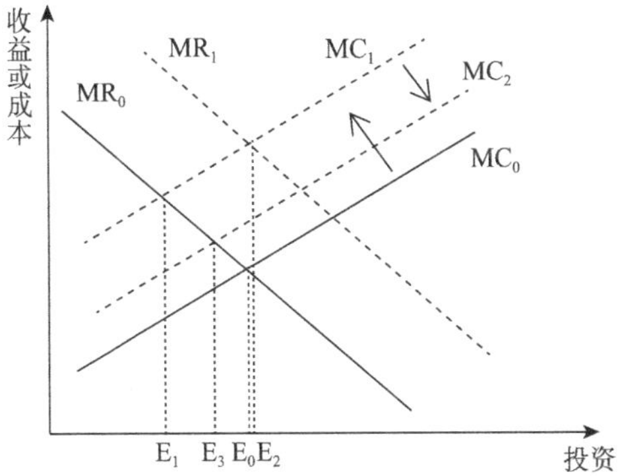

图 3－4　财税政策对油气行业低碳发展的影响机制

提高的边际成本，低碳发展提高的成本和税收优惠降低的成本的大小，决定了最终 E_3 点的投资水平与期初 E_0 点的投资水平的孰高孰低。但从低碳发展的必要性来看，税收优惠抵销了一部分成本，从而抵销了由于低碳发展降低的投资成本，所以从整体发展角度来看，税收优惠政策提高了油气行业低碳发展转型期的投资水平。

（2）财税政策促进油气产业低碳产品增加消费

财政激励政策中，政府通过实行价格补贴或者财政补贴，能够降低油气行业低碳产品的成本和价格，在市场价格体系下，促进油气低碳产品的消费需求，引导市场消费向低碳产品倾斜，实现我国的碳减排目。税收优惠的原理与政府的财政补贴类似。如图 3－5 所示，假设市场上有两类能源产品，采用低碳技术的油气产品和其替代能源产品，在对低碳油气产品进行政府财政补贴或者税收优惠政策前，无差异曲线 U_0 与消费者的预算约束线 I_0 确定的消费者最佳选择点为 E_0，此时消费者选择消费的低碳油气产品数量为 X_0，替代能源的消费数量为 Y_0。在对采用低碳技术后的油气产品进行政府财政补贴或者税收优惠政策以后，低碳的油气产品生产成本将下降，导致其价格将会降低。消费者的预算约束线将由 I_0 移至 I_1。由于能源产品为正常消费品，价格下降产生的替代效应和收入效应都会使消费者对低碳的油气产品消费数量增加。如图 3－5 所示，进行财政补贴或者税收优惠之后，消费者的预算约束线将与无差异曲线相交于 E_1 点，消费者的最优消费束将变为消费 X_1 单位的低碳油气产品和 Y_1 单位的替代能源产品，消费低碳油气产品的数量增加了（X_1-X_0）单位。对应于低碳油气产品的需求如图 3－6 所示，需求曲线 D 上的消费数量由 Q_1 点变动至 Q_2

点。进一步说明，在对油气行业进行低碳发展转型期进行财政补贴或者税收优惠，将会降低油气行业低碳发展的价格，并且增加对低碳油气产品的消费。

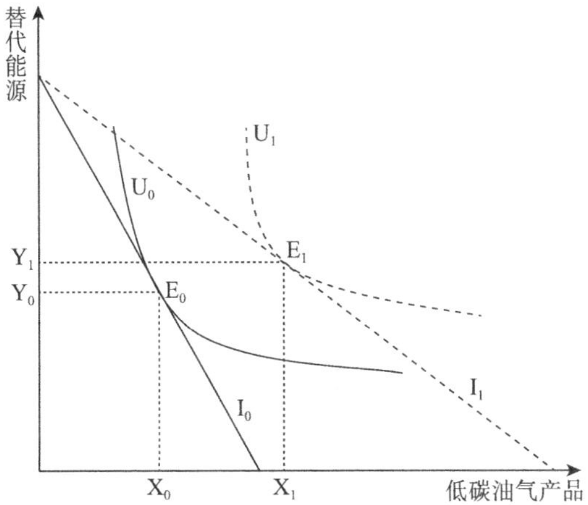

图3－5　财税政策作用下消费者最佳选择

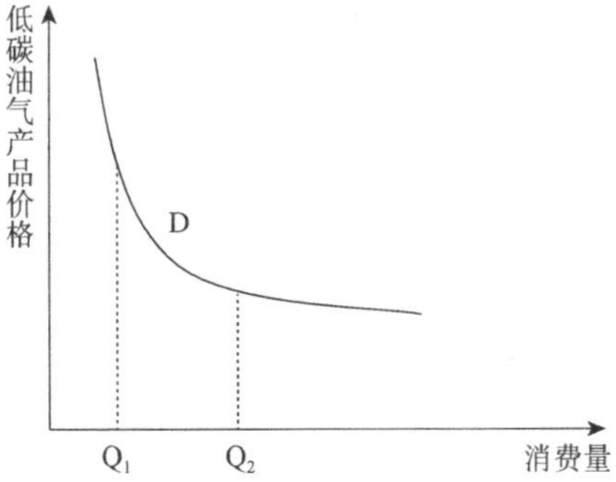

图3－6　财税政策作用下低碳油气产品消费量

综上所述，油气企业在低碳发展的过程中，政府给予财政政策和税收优惠政策的支持，有望促进油气行业加大对环保开采技术的研发，并注重对先进环保技术的灵活运用，来减少开采过程中的污染排放和污染事故的发生，充分利用优惠政策的优势减少对环境的损害和向油气环保开发转型。

（3）财税政策降低油气行业低碳发展的成本

石油产业链包括上游的勘探和开发、中游的炼油和化工生产、下游的运输和销售，其发展不同于一般工业产品的生产发展，有其自身的发展特点（如图3-7所示）。石油和天然气的生产上游属于采掘业，与一般工业生产的主要区别在于勘探开采阶段。前期勘探投入的钻井勘支出在未发现探明经济可采储量的，将支出扣除净残值计入当期损益，只有被发现是探明可采储量的形成油气勘探成本。而一般工业企业前期的投入主要是机器设备、厂房等固定资产。油气行业在前期的勘探成本也会因地质条件、储量丰度和开采难度而不同，具有很大的不确定性。一般工业企业的前期投入成本是可以确定的，一般工业企业投入的原材料最终形成产品的主体部分，而油气行业的原材料被消耗后成为生产成本。并且油气企业的勘探开发生产基本上都是连续的，要保证稳定产量，必须进行不断地勘探开发，以保证有新的储量接替，新增储量又必须有新增产能建设投资相配套。一般的工业企业随着工艺的改进和操作人员技术的熟练程度的提高，单位产品成本会大大降低。油气资源的开发具有周期性，具有开发期、上升期、稳定期和递减期4个阶段。油气的生产成本在开采期内随着时间的增加开采难度随之增大，油气的单位成本也会随着时间的增加而上升。并且在晚期的开采阶段时，增产措施费用，油气田的维护费用不断增加。为了促进油气行业的低碳发展，财税政策可在各个方面对低碳发展给予支持，从而降低油气产品的成本。

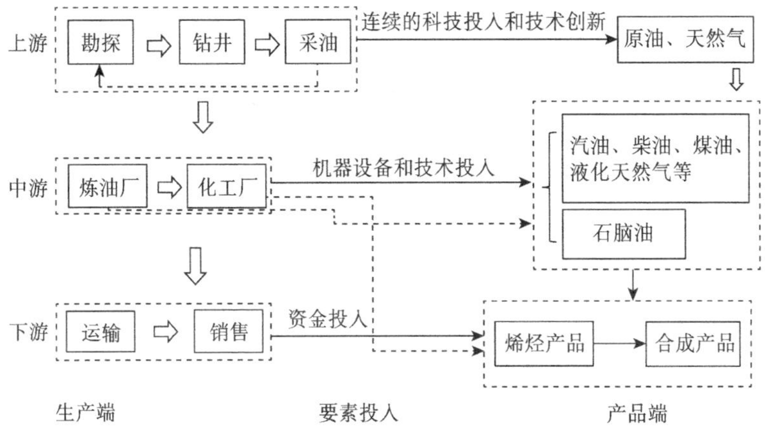

图 3-7　油气产业链

首先，在油气的勘探开采阶段，2016 年 7 月 1 日我国停征矿产资源补偿费而改征资源税，使我国资源税更加合理化。在上 的开采阶段，一是对油气行业应用的科技的研发投入进行加计 除，鼓励油气企业在开采阶段提高开采效率，降低油气资源的 期投资成本。二是对其进行环境保护而发生的劳务支出免征增值税，有利于企业在开采过程中重视环境保护。通过以上的税收优惠政策，得到的 级产品原油和天然气的成本就相对下降。其次，在中 的油气炼制和石油化工厂企业，对其 入的机器低碳设备进行加速折旧、对发生的改良支出减免增值税，对引入的低碳技术减免增值税，对低碳技术的研发费用加计 除，激励炼油厂和化工厂采取研发或者 买低碳技术进行生产、采用先进的低碳设备提高油气资源利用率，从而降低中 企业的油气产品的低碳发展成本。最后，对于油气的下 产业，例如天然气管道的业务，对于采用避免油气资源在运输过程中的浪费、 或挥发等支出减免增值税，对发生的大额资金支出进行财政贴息，促进油气资源的高效节能利用。

3.2 财税政策与油气产业经济的关系

3.2.1 油气产业财税政策的具体界定

(1) 财政政策

财政学家阿盖笛（Argaitee）认为，财政政策就是税收、公共支出、举债等各种公共措施的整体；凯泽（Keiser，1964）认为，财政政策就是政府的税收、支出以及债务政策对生产、就业、收入以及价格等水平的影响；杜恩（Due，1968）认为，财政政策是政府收支的调整，以实现经济更加稳定与预期增长率的目标；格林沃尔德（Greenwold，1981）认为，财政政策就是利用政府的收支和产生收入的活动达到一定的目标。可见，从西方学者的观点来看，税收政策只是财政政策的组成部分。国外没有财税政策的提法，涉及油气产业，提得比较多的是能源政策或者税收政策。从国外实务界的观点来看，税收政策也是被归纳入财政政策的体系内。

根据财税会计词典的定义，财政政策是根据一定时期的政治任务和经济状况而制定的关于财政方面的方针、措施、制度和办法。财政政策包括财政收入政策（其中主要是税收政策）和财政支出政策。项怀诚（1999）提出，财政政策，通常指政府根据宏观经济规律的要求，为达到一定的目标而制定的指导财政工作的基本方针、准则和措施。陈共（2000）认为，财政政策是指一国政府为实现一定的宏观经济发展目标而调整财政收支规模、保持财政收支平衡的指导原则及其相应的措施。王宏顺（2008）认为，财政政策是指一国政府为一定的宏观经济目标而调整财政规模和收支平衡的指导原则及相应的措施，财政政策是由税收政策、支出政策、预算平衡政策、国债政策等组成的一个完整政策体系。钟泽圣（2008）认为，财政政策作为政府为实现一定的宏观经济目标而制定的财政战略，主要由支出政策、收入政策（主要是税收激励与优惠政策）、预算平衡政策、国债政策构成。李红霞（2010）认为，财政政策可理解为一国政府为维系国民经济稳定与发展所制定的，通过各种财政手段所实施的财政方针、策略与措施。高帅雄（2018）认为财政政策是指国家根据一定时期政治、经济、社会发展的任务而规定的财政工作的指导原则，通过财政支出与税收政策的变动来影响和调节总需求进而影响就业和国民收入的政策。姜涛（2023）认为财政政策是指国家为了实现政治、经济的任务而主动调整分配过程的方式，可以由购买支出、转移支出、税收手段来调节总需求。

综上所述，国内学者对财政政策和税收政策的关系基本能取得一致意见，财政政策就是政府为实现各种社会、经济发展目标而调整财政收支规模和处理各种财政分配关系所采取的政策、措施和方法的总称。从性质上看，财政政策是国家干预经济、进行宏观调控的主要政策手段之一。财政政策工具包括国家预算、税收、公债、财政收入和财政支出。税收政策是财政政策体系的一个组成部分，税收政策涵盖的政策范围要比财政政策小。

（2）税收政策

根据财税会计词典的定义，税收是国家为了实现其职能，凭借政治权利，法律规定参与国民收入的分配与再分配，是国家收取财政收入的一种手段。税收具有强制性、无偿性、固定性三个基本特征。税收政策是国家在税收方面制定的行动准则，国家税法就是税收政策的具体体现。它通过税收减、免、退政策设计和税率的高低，体现国家支持什么，限制什么，反对什么。可见，税收是国家为实现其职能，凭借政治权利依据法律规定，向单位和个人无偿征收实物和货币，是国家财政收入的一种主要形式。税收政策是建立税收制度和从事税收征管工作的指导思想和原则，是国家经济政策的重要组成部分。

（3）油气产业财税政策

油气产业财税政策可理解为国家为了保障油气产业健康发展和国家能源安全，通过各种财税手段所实施的财税方针、策略与措施。油气产业财税政策的内涵应当包括油气产业财税政策主体、政策目标和政策工具的完整统一。油气产业财税政策的主体是油气产业财税政策的制定者和实施者，这一政策主体只能是政府。油气产业财税政策目标是财税政策主体制定与实施财税政策所要达到的预期目的。油气产业财税政策工具则是政府实现财税政策目标所必需运用的各种政策手段。这些政策手段主要包括税收、价格补贴、政府投资、财政补贴等在内。油气产业财税政策可分为税收政策、财政支出政策、价格政策三部分。在油气产业发展初期，财政政策是规范国家和油气产业之间关系的主要手段，随着油气产业的发展，税收政策逐渐成为调整油气产业和国家之间关系的主要手段。因此这里讲的狭义油气产业财税政策主要指税收政策，只是涉及部分财政支出政策（如图 3 - 8 所示）。

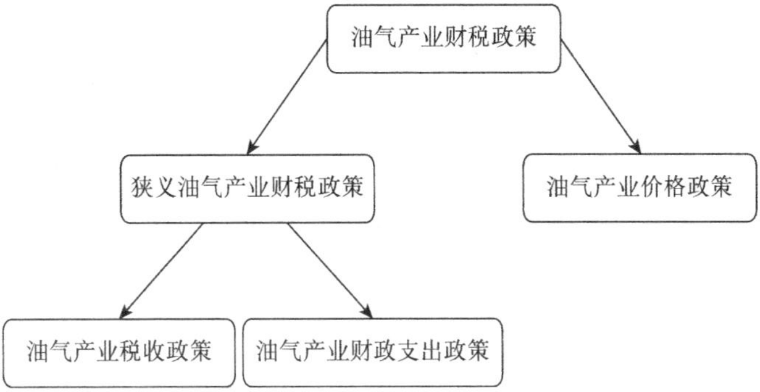

图 3－8　油气产业财税政策的构成

3.2.2　财税政策与油气产业可持续发展的基本关系分析

（1）税收对油气产业经济的影响

①税收对油气产业结构的影响

油气产业结构的优化升级既要求在产业发展过程中合理配置生产要素，协调油气勘探、开发、加工和销售各部门之间的比例关系，促进各种生产要素有效利用，实现高质量的经济增长；又要求产业结构向高技术化、高资本密集化、高加工度化和高附加值化发展，培育新质生产力。我国油气产业尽管经过连续多年快速发展后，但仍面临着一定的结构性矛盾，目前石油行业产业结构存在勘探主业发展缓慢、行业内产品单一、第三产业规模小、油与气发展不平衡、油田产业结构趋同等突出问题。在国家能源战略布局和供给侧结构性改革的推动下，产业结构科学布局、协同发展、可持续发展成为当前油气行业经济结构调整的关键。

税收政策作为国家宏观调节的重要手段，与产业结构优化升级具有高度相关性，历来是油气产业结构调整和优化的重要工具。税收除了形成政府的财政收入外，更重要的是可以通过影响企业的盈利水平，引导企业生产经营安排，遵从政府的产业政策目标。税收对油气产业结构的调整涉及生产、投资、分配和消费等多个环节，主要通过实施优惠税率、投资抵免、加速折旧、成本税前列支等优惠手段。税收优惠的应用对经济主体（生产者和消费者）的生产和消费结构有所影响，在石油供求方面亦是如此。生产者行为理论和消费者行为理论认为，在完全竞争的市场条件下，经济主体将会在自己拥有的资源约束条件下，根据市场价格配置资源，实现自身利益最大化，生产者追求利润最大化，消费者追求效用最大化。根据这一理论，税收差别对石油结构的影响主要表现在：一是影响消费者、生产者选择商品、产品行为；二是改变对油品与油品之间、石油消费品与其他商品、产品之间相对价格的定价；三是会在政府差别税收条件下，重新配置资源，改变企业投资和经营行为。这样一来，石油结构就发生了变化。例如，政府对含铅汽油和无铅汽油等课税实行差别税率，就引起含铅汽油的相对价格上涨，受效用最大化的驱使，消费者在选购商品时，会减少含铅汽油的购买，增加无铅汽油的购买，使油品的消费结构发生变化。又如降低天然气资源税税额有利于刺激天然气生产和消费，等等。因此，税收是推动油气产业结构调整、促进油气产业结构优化与升级的重要手段。与此同时，政府在利用税收手段进行市场调节的时候必须慎重，必须搞清楚即将推出的税种的政策效果如何，税收优惠及税额最终究竟由哪一方享受或承担，对油气田企业或消费者的调节力度有多大等问题。

②税收对油气投资的影响

税收是政府财政收入的主要部分，也是政府投资主体筹资的主要渠道。一方面，国家通过增加税收或减少税收来调节消费和投资，实现对社会经济的宏观调节；另一方面，根据国家投资支出计划，从收益中划定相应的资金，应用财政拨款或拨改贷等形式将资金供给企业等其他投资主体，影响企业等非政府主体的投资行为。在市场经济背景下，税收逐渐成为企业投资选择的重要因素。而企业等的投资能力和决策又在很大程度上受到税后净收益等因素的制约。税收对企业投资的影响是通过对投资收益的影响来实现的，而投资收益又受投资成本的影响。具体来说，商品税的多少影响企业经营成本的高低，所得税的多少直接影响企业投资成本的高低。因此，税收对投资成本的影响最终会表现为对企业投资的效应。例如企业所得税，该税对企业的生产经营所得和其他所得征收，实质是对企业的利润征税，减少了企业投资的净收益。而企业在投资决策时所关心的正是企业投资所获得的税后净收益。因此，就企业所得税而言，税收负担轻或者减免税有利于刺激企业投资，而税收负担重或者增税会抑制企业投资。税收负担轻重或税收负担增减免可以从国家在某个时期的税收政策中体现出来。通常情况下，国家通过实施税收优惠政策引导企业投资方向，调整产业结构，刺激经济增长，企业在进行投资决策时应分析国家的税收政策导向，预测税收特别是企业所得税对企业投资收益的影响。

政府对投资者和生产者的鼓励投资，多是作用于资本使用者成本。资本使用者成本表示项目的收益率必须达到多高时投资者（或企业）才能盈利，资本使用者的成本越高，企业想持有的资本量就越少，投资者投资的欲望也就越小。反之，亦然。企业所得税和个人所得税都是资本使用者成本中的一部分，征税的多少对资本使用者成本的高低有直接影响。为了鼓励油气田企业投资而采取的加速折旧、投资抵免等税收政策，对降低气田企业成本、提高投资项目收益率、刺激项目投资等方面发挥积极作用。同时，油气田企业投资具有规模大、风险高的特点，因此其决策是一个非常复杂的过程，不仅要考虑项目本身的经济、技术等可行性，而且要考虑政策因素，特别是现行税收政策，如国家的油气资源税制改革状况、改革动向和政策导向、动向等，使其投资尽可能多地享受国家的税收优惠，获得最大的投资净收益。

③税收对油气需求量的影响

税收是构成石油价格的组成部分，税负增加必然价格提高，反之价格下降。生产者和消费者是油气资源课税的纳税人，对生产者的征税会抑制油气生产，从而迫使该行业在更低的交易量和更高的价格水平上达到均衡，税负将在生产者和消费者之间分担。同样，对消费者的征税会抑制消费，从而也将迫使油气行业在更低的交易量和更低的价格水平上达到均衡。因此，不管是对油气田企业征税还是对消费者征税都会抑制市场活动，减少交易量，税负最终由买卖双方共同负担。通常情况下，税收最终大部分由对价格相对不敏感的生产者或消费者承担，小部分由对价格相对敏感的生产者或消费者承担。国家为了抑制油气资源的过度消费，可以采取增加税收的办法；反之，在油气资源供应紧张的情况下，国家为刺激油气田企业加强勘探、增加产量，可以采取减免税收或补贴的办法。

同时，税收对需求量的影响主要表现为对商品征收间接税（我国称为流转税），该税通过直接影响商品的价格来影响商品的需求量。对商品征收间接税主要有从价税与从量税、价内税与价外税。在实行从量税时，消费者支付的价格要高于生产者得到的价格，这个价格差就是政府获得的税收。按照供求与价格关系的理论，消费者支付的油气产品价格上升，会使消费者对该商品的需求量减少，从而导致生产者相应减少生产量，市场将因政府征收间接税，引起油气产品供求变化形成新的市场供求均衡量；在实行从价税时，同样会使油气产品价格上升，从而使消费者的需求量减少，其对消费者的影响类似从量税。在实行价内税时，税收是油气产品价格的组成部分，价格是含税价格；在实行价外税时，税收是油气产品价格以外的附加，价格虽不含税，但价外税直接影响消费者的货币支付。总之，无论从量税、从价税抑或价内税、价外税，对油气产品征税都会对石油气产品供求情况产生不同程度的影响。曾有学者通过对 7 个发达国家的人均耗油情况的研究发现，这 7 个国家存在着两种截然相反的耗油模式：美国、加拿大为高耗油模式；英、法、德、意大利等国为低耗油模式。同一时期，美国、加拿大两国的人均 GDP 是 23180 美元，英国、法国、德国、意大利、日本的人均 GDP 为 25972 美元，双方的经济水平相当，但后面 5 个国家的人均耗油量仅是美国、加拿大两国的一半左右。造成上述结果的重要原因之一就是双方采取了完全不同的油气税收、价格政策，美国、加拿大采取的是低税率、低售价政策，而后 5 国采取的是高税率、高售价政策。因此，税收与油气消费量有着直接的关系。

④财政支出对油气产业经济的影响

我国已出台多项政策补贴促进非常规油气产业的发展。在国家规划方面，最早 2006 年出台的《国民经济和社会发展第“十一个”五年规划纲要》，明确提出要加强煤矿瓦斯综合治理，加快煤层气开发利用，开展煤层气、油页岩、油砂、天然气水合物等非常规油气资源调查勘探。同年，国务院出台《关于加快煤层气（煤矿瓦斯）抽采利用的若干意见》，强调促进煤层气的开发。2007 年国家出台了《财政部关于煤层气（瓦斯）开发利用补贴的实施意见》和《国家发展和改革委员会关于煤层气价格管理的通知》，对煤层气的开发利用实施财政补贴和价格管制。目前煤层气发电不仅优先上网，同时还享受脱硫补贴电价，上网电价比正常价格高 0.15 元/千瓦时，中央财政对煤层气开采按 0.2 元/立方米进行补贴。在页岩气开采方面，国家能源局于 2012 年发布了《页岩气发展规划（2011—2015 年)》，明确提出页岩气价格将实行市场定价，放开价格；2013 年，国家能源局发布《页岩气产业政策》，从产业监管、示范区建设、技术政策、市场与运输、节约利用与环境保护等方面进行规定和引导，推动页岩气产业健康发展；2016 年 9 月 30 日，国土资源部将页岩气作为独立矿种的申请已经得到国务院正式批准，页岩气成为我国第 172 个矿种。同期，国家能源局颁布《页岩气发展规划（2016—2020）年》，要求按照习近平总书记在中央财经领导小组第六次会议上提出的推动能源供给革命、消费革命、技术革命和体制革命指示精神，为加快推进页岩气勘探开发，增加清洁能源供应。在财税政策方面，2012 年，财政部、国家能源局出台页岩气开发利用补贴政策，2012—2015 年，中央财政按 0.4 元/立方米标准对页岩气开采企业给予补贴；2015 年，两部门明确“十三五”期间页岩气开发利用继续享受中央财政补贴政策，补贴标准调整为前三年 0.3 元/立方米、后两年 0.2 元/立方米。

3.3　油气产业低碳发展财税激励政策的政策目标、实施手段与传导机制

3.3.1　油气产业低碳发展的财税政策目标

（1）减排目标的压力

党的二十大报告指出，必须完整、准确、全面贯彻创新、协调、绿色、开放、共享的新发展理念，发挥创新作为第一动力的积极作用，将高质量发展作为全面建设社会主义现代化国家的首要任务。"绿色"发展意味着要推进能源生产和消费革命，构建清洁低碳、安全高效的能源体系。对于油气产业来说，提高能源利用效率、开发清洁能源来实现低能耗、低污染、低排放成为低碳发展需要解决的问题。从《联合国气候变化框架公约》到《京都议定书》，从"哥本哈根会议"到 2015 年巴黎世界气候大会，世界各国政府和人民都在为解决全球气候问题作出努力。作为世界第二大经济体，中国做出了"到 2020 年单位国内生产总值（GDP）二氧化碳排放比 2005 年下降 40% ~45%。到 2030 年左右使二氧化碳排放达到峰值并争取尽早实现，2030 年单位国内生产总值二氧化碳排放比 2005 年下降 60% ~65% 等"的承诺。据国家统计局数据显示，能源化工居能源消费量和二氧化碳排放之最。作为能源勘探开采的源头产业——油气行业，第一，加强低碳技术的研发投入、开发和利用，避免油气能源燃烧产生二氧化碳等污染气体污染环境，

从源头降低碳排放量。第二，开发高效的的燃烧技术、节能技术，促进无烟燃烧技术、催化燃烧，利用再生技术，充分利用工业技术进行开发。

（2）助力油气产业经济的发展

在市场经济下，低碳产品由于低碳技术的研发费用或低碳设备的折旧而高于其他同类产品的价格。虽然我国一直在提倡低碳生活，建设资源节约型、环境友好型社会，但基于西方经济学中“理性人”假设，消费者往往不愿意为这部分成本买单，导致下游经销商产品滞销，从而给上中游生产者发送误导性的市场信号，上游油气勘探开采企业为了提高与购买者的讨价还价的能力，不得不缩减各项成本，其中也包括低碳的研发成本支出，甚至对已经购买的低碳设备也无法进行升级改良。

我国的三大石油公司作为国家石油大型企业集团，“三桶油”占据我国石油油气勘探行业的95%以上，具有产炼销一体化优势。随着我国新一轮油气产业改革新政策的实施，允许民企、外资企业等社会各界资本进入油气勘探开发领域，这在加剧油气勘探开采市场竞争力和效率的同时，低碳开发必将成为产业竞争的必要要求。这时，政府通过进行财政补贴或者对企业进行税收优惠来直接干预市场配置或者改变消费者供需决策显得非常重要。例如，陕西延长石油，相比同行中“三桶油”的勘探开采规模和产油气量都相对较小，对于同样购置一台低碳设备，从会计角度来看，产量越大，设备折旧折耗的摊薄越大。这使延长石油在引入低碳设备之后，在行业利润率一定的条件下，其油气产品价格没有三大石油公司的同样产品价格低，从而丧失了在同行业的竞争优势。但从国家实行低碳经济的战略来看，延长石油是积极响应国家政策，通过低碳设备投资为推动低碳发展做出了贡献。所以，从这个角度来看，国家的财政补贴或者税收优惠更应该向这一类较小规模的企业倾斜，从而优化资源配置。

从替代产品的竞争能力来看，当前替代能源主要有风能、水能、核能、潮汐能、地热能、太阳能、生物能等一些新能源或者可再生能源。但据国内外相关能源展望的预计，目前及将来很长一段时间油气能源作为我国能源消费的主要能源尚不能完全被新能源所替代。近年来，新能源由于低碳、可再生等优点得到国家政策的大力扶持，虽然每年的新能源产量有所增加，但距离我国完全替代还有很长的路要走，2010 年在墨西哥召开的坎昆会议上，国际能源论坛（IEF）和欧佩克（OPEC）、国际能源署（IEA）达成共识：油气方面在未来直至 2040 年，仍将是全球能源消费的重要组成部分。届时煤炭、石油、天然气、新能源（包括核能）将四分天下。受能效提升和新能源替代影响，全球化石能源消费需求到 2050 年才会有比较大的下降。油气行业低碳发展却能在短期内取得较大的碳排放量的进步，在我国 2020 年单位国内生产总值（GDP）二氧化碳排放比 2005 年下降 40% ~45% 的目标下，“油气新”三分天下的格局预期要在 21 世纪中叶才能实现。可见，通过对油气行业低碳发展的大力扶持，也是我国在探索能源革命过程中迈向清洁美丽的环境中必不可少的一步。

综上所述，油气行业是高污染型行业，低碳发展的平稳推进，一方面，要加大鼓励油气行业提高能源、资源的利用效率，对进行低碳技术研发和应用的产业加大财政补贴、弥补产业低碳发展初期进行的大量资金、技术、人力资源的投入，缓解产业初期的竞争压力，进行节能减排。给予低碳产业财政支持，完善油气行业低碳发展的转移支付制度。另一方面，要对积极从事低碳发展的油气企业给予税收减免的政策，对使用环保设备的企业设立专项奖励政策，可以在政策上直接给予退税的优惠。在转移支付方面，也要加大对低碳企业的支持力度，大力推进节能减排，鼓励油气行业进行可再生能源开发，鼓励企业利用政府提供的资金来进行科技研究。

3.3.2 油气产业低碳发展财税激励政策的实施手段

低碳经济核心内容包括：低碳产品、低碳技术、低碳能源的开发和利用。低碳技术涉及电力、交通、建设、冶金、化工、石化等多个行业，包括可再生能源及新能源，煤的清洁高效利用，油气资源的勘探与开发利用，有效利用温室气体排放的技术等。油气行业低碳的发展，实际上是政府对产业活动的一种干预手段，政府是制定和实施产业政策的行为主体，低碳产业可供利用的政策手段较多，大体可分为法律手段、行政手段、财政手段和金融手段。下面主要从财政手段来阐述该政策如何激励油气行业低碳发展。

财政政策主要是政府通过调整财政收入和支出政策来促进低碳发展的政策手段。财政手段会直接影响到企业乃至行业的经营效益，因此，普遍认为财政政策是促进油气行业低碳发展的主要动力因素。根据财政政策目标，主要包括两方面的内容：一是采取倾向性的财政投入、政府采购、财政投融资等方式支持油气产业，加快油气行业健康、绿色发展。财政支出不仅可以体现国家的政策导向、强化资金在不同产业的配置，而且可以引导民营企业、外资企业的资金流向国家支持的低碳发展理念的行业，间接起到示范效应。二是通过利用不同产业的差别性税收，实现促进或阻止某些高碳产业的发展，包括推进分产业或产品的差别性税率和一定时期内税收的特殊性调整以及保护性关税等。总的来说，促进油气行业低碳发展的财政手段主要包括预算直接投入政策、国债投入政策、财政补贴政策、财政贴息政策、财政担保政策、税收优惠政策、政府采购政策等。

（1）预算直接投入政策

一般预算直接投入政策是财政手段的核心内容，它体现了政府财政的公共特征，它所支持的对象必须具有公共产品性质或准公共产品性质。油气产业的低碳发展有公共物品的性质，通过国家财政对低碳研发技术的直接投入，能有效引导、整合技术和投融资体制，利用竞争驱动降低油气行业低碳发展的产品成本，让公共部门和私有部门的风险降低到最小，带动低碳产品引领市场。

（2）国债投入政策

国债投入政策是我国积极财政政策的重要组成部分。其具体内容，就是在当年财政预算难以支持政府投资进一步扩大的情况下，通过发行长期建设国债的方式来增加国债的发行，以满足政府扩大投资的需要。在我国开放油气行业勘探开采市场的新形势下，通过加大国债投入，不仅能促进我国油气行业的基础建设发展，并且能鼓励和支持油气行业的低碳发展。

（3）财政补贴政策

财政补贴政策是指在结构失衡或出现供给“瓶颈”时，提供各种形式的财政补贴，以保护特定的产业及地区经济。财政补贴作为一种宏观调控手段，可被政府用来实现多种政策目标。对油气行业低碳发展进行财政补贴，在积极促进油气行业油气产量平稳增长的同时，能稳定市场价格，保障人民的生活。并且财政补贴的形式比较灵活，根据不同的补贴对象可以分为投资补贴、产出补贴和消费补贴。

（4）财政贴息政策

财政贴息是政府提供的一种较为隐蔽的补贴形式，即政府代企业支付部分或者全部贷款利息，其实质是向企业成本价格提供一定的补贴。财政贴息有两种形式，一种是财政将贴息资金直接拨付给受益企业；另一种是财政将贴息资金拨付给贷款银行，由贷款银行以政策性优惠利率向企业提供贷款，受益企业按照实际发生的利率计算和确认利息费用。运用财政贴息的好处：一是用较少的财政资金可以吸引大量的社会资金，以保证国家重点建设资金的需要；二是由于财政贴息首先用于国家重点建设项目，因而有利于调整投资结构，实现产业结构合理化；三是有利于降低企业产品成本，增加企业盈利，从而也有利于增加财政收入；四是对不同行业实行不同的利率，有利于建立合理的利率体系，有利于间接调整生产和消费。从内涵和能力来看，财政贴息政策代表了今后财政资金使用方式的改革方向，也是支持油气行业低碳发展、支持低碳企业自主创新的有效手段。

（5）财政担保政策

财政担保是通过借用风险投资的方式，支持政府倡导的领域加快发展，低碳产业正是政府应该积极扶持的重点领域之一。其具体操作不一定是由政府对项目直接提供财政担保，往往是通过对低碳产业发展提供担保的担保公司，由它们通过补贴、公用经费、专款资助等形式给予补贴。

（6）以奖代补政策

以奖代补政策就是把补贴改为奖励的财政支持方式。当地方或企业在低碳产业发展和自主创新等方面达到或者超过了预期的目标时，财政就会给予一定的奖励，这是一种比较好的奖励手段，可以充分调动各个地方政府或各企业支持低碳产业发展、实施自主创新的积极性、主动性和创造性。

（7）政府采购政策

政府采购是社会总需求的一个重要组成部分，它对社会经济的流通、生产分配和消费环节均有重要影响。政府采购制度的建立和发展，直接反映政府介入社会经济的规模和深度，也反映着公共财政在经济生活和社会生活中的地位。因此，政府采购制度的实行不仅具有财政意义，更具有广泛的社会意义和政治意义。市场化国家政府通常把环境保护、生态平衡、资源节约与合理开发利用等特定政策目标纳入政府采购的通盘考虑，政府采购还应确定低碳产品或服务优先的原则，节能政府采购要实行集中采购模式。还需明确的是纳入政府采购目录的产品和服务，其技术应该相对成熟，正好进入发展的成本降低阶段和大规模的商业化初期阶段。

（8）税收优惠政策

税收优惠政策通常是指对部分特定纳税人和征税对象给予一定的鼓励性和照顾性的特殊待遇。它是政府实现公共政策的一种必要手段，它的存在与实施在一定程度上体现了税收政策的效率与公平，有助于提高全社会的福利水平。

按照政策的支持力度进行分类，可将上述政策分为四类：第一类是支持力度最强的预算直接投入政策，它包括一般预算直接投入政策和国债投入政策；第二类是支持力度较强的杠杆投入政策，它包括财政补贴、财政贴息、财政担保和以奖代补；第三类是支持力度较弱的税收优惠政策；第四类是支持力度最弱的政府采购政策。

3.3.3 财税政策如何影响油气产业发展

（1）财税政策从纠正外部性角度促进油气产业低碳发展

油气产业对低碳技术的研发、低碳能源的开发，从增进社会福利角度来看具有明显的外部性。引入低碳技术、低碳能源的开发利用，无疑会增加油气行业的研发成本、购入低碳设备时的投资成本等。因此，油气行业的收益与社会预期获得的综合收益不对等，低碳发展的步伐可能会被束缚。政府通过增加财政支出补贴低碳带来的高投资高成本或者通过对低碳技术研发成本、设备购入成本加计扣除，来调整油气行业的收益与社会收益之间的差异，调动各经济主体参与低碳发展的积极性，使低碳在油气行业及社会的资源配置中得到优化发展。如图 3 - 9 所示，横轴表示对油气行业低碳的投资量，图中 MR 为单个油气企业的边际收益，MSB 为油气行业低碳发展的社会边际收益，MC 为油气行业低碳发展后的边际成本。对于实行以利润最大化的经营目标的企业来说，选择 MC 与 MR 的交点作为油气企业的最佳投资量。由于外部性的存在，社会需要的低碳发展后的油气需求量为 MC 与 MSB 的交叉点，显然 Q 点的投资量较小，企业从私人利益出发所形成的投资规模不能满足社会的需要。由此可见，财税政策对外部性的纠正在于可以通过财政补贴和税收优惠，将由于采用低碳技术所增加的这部分成本差异进行调节。此时，代表企业边际收益的 MR 线向上移动，达到平衡时与社会边际收益的 MSB 线重合，最终与 MC 线交叉形成的 Q’ 点将是社会所需的油气产业发展的最优投资规模。在财税政策的影响下，市场配置资源的机制得到修正，企业对油气产业发展会更加热衷，各类经济资源也会更多地油气产业低碳发展流动。

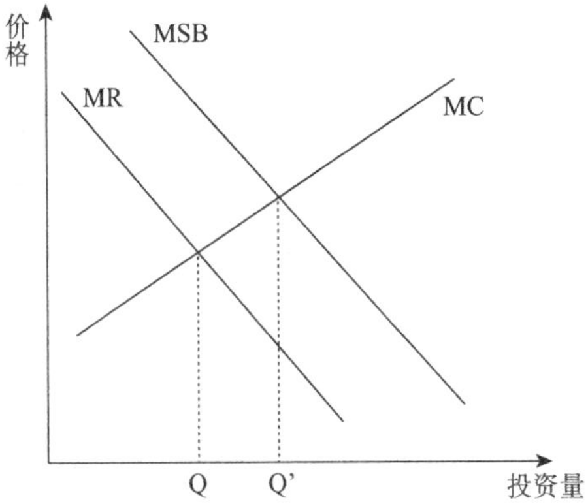

图 3－9　财税政策纠正外部性分析

（2）财税政策从规避风险角度促进油气行业低碳发展

自 2014 年国际油价暴跌以来，打击了投资者的积极性，油气投资大幅度减少。并且随着油气田的勘探开发，产量递减是自然规律。但如果油气投资长期不足，在油气产业转型过程中，有可能面临新能源接续难，油气供应又跟不上的尴尬局面，必将造成油气价格大幅度上涨，对我国能源安全造成极大的撼动。一方面，石油石化行业本就是资金、人力、技术密集型行业，油气勘探环节又一环紧扣一环，其高投入和高成本的特征决定了油气行业的发展离不开政府的财力支持。研发低碳技术、购买低碳设备同时又增加了油气行业的风险性。政府财税政策的支持能帮助油气行业形成持续良性运行的局面。财政政策投入或者扩大税收优惠的幅度，都能使政府成为产业发展的风险承担者，增强油气行业低碳发展的风险抵御能力，使其产量和质量更快的满足当代社会的需求。另一方面，财税政策的影响能渗透到油气产业低碳发展的每一个环节，利益机制的激励作用会为企业营造更为有利的发展局面，财税政策在规避高风险方面的作用各有侧重。首先，政府通过预算直接投入政策或财政补贴政策能够对油气行业进行的低碳技术的研发、低碳设备的改造等项目进行资助，对一些关键性、前沿性技术研发的财政投入，能够大大减少企业所承担的技术风险。其次，通过对购入低碳设备的加速折旧、低碳研发支出加计扣除、优惠税率、税收减免、放宽税前列支标准等税收优惠政策，可以平滑企业在经营时期的风险和收益，引导社会资本流向油气行业的勘探开发及其低碳发展的政策。

（3）财税政策从突破瓶颈束缚角度促进油气行业的低碳发展

油气行业的低碳发展需要资金、人才、技术等关键要素的支持，而财税政策对于突破这些瓶颈限制能够起到有效的作用。通过财税政策的激励和引导作用，把更多的社会资金、人才、物力汇聚到油气行业的低碳发展上，能够帮助其在市场竞争中有良好的资源环境基础。

在资金积累方面，一是可以通过财政资金的直接投入或者财政补贴效率的提高，增加油气行业低碳发展的资金供应。二是通过税收减免、税收优惠等措施能够帮助油气企业留存更多的资金进行低碳发展再扩大，同时税收优惠项目也能够帮助企业提高产量生产、提高社会的低碳生活需求和福利水平。三是政府也可以通过财政贴息，解决油气行业在低碳发展过程中的融资难问题。

在技术研发方面，主要是通过对技术研发及科研成果转化给予更多的财政补贴或税收激励措施，促进油气行业“低成本、低碳化”技术的步伐，为我国实现减排目标迈进，同时推动我国的低碳技术成果迅速产业化，推动高科技企业和科研机构在低碳的技术成果向油气行业转移，增加油气行业的核心技术竞争力。

在固定资产投资方面，对油气行业低碳设备的购进、改良等给予一定的税收减免或者加速折旧等优惠措施，以此减轻油气行业企业在低碳发展过程中背负的长期资金压力。

在人才培养方面，主要是增加全社会对科技人员培养的积极性，增加油气行业的低碳发展的人力资源储备。这表现在，一是对高校、科研机构等单位给予一系列财税激励政策，鼓励他们增加对科技人员的教育、培训的投入，引导人才流向油气行业的低碳发展道路上；二是对油气行业关于低碳发展的人才培养方面的支出进行加计扣除等税收优惠，开拓企业在不断增加自身低碳科技创新能力方面的积极性。

3.4　我国现行的油气产业财税政策对低碳发展的影响

3.4.1　增值税

2000 年，财政部、国家税务总局印发《油气田企业增值税暂行管理办法》（财税字〔2000（32 号）〕），办法对相应的税收管理给予了进一步的完善，取消了旧办法明确规定的不能抵扣的固定资产目录。例如，油气企业的生产性房屋、建筑物等固定资产的建造成本均可纳入可抵扣范围，跨区生产性劳务税预征率从 6% 降低到 3%。这些革新在一定程度上降低了油气企业的纳税负担，在很大程度上降低了油气企业的成本，给油气企业带来了很大的利润空间。2009年，财政部、国家税务总局颁布实施新修订的《油气田企业增值税管理办法》（财税〔2009〕8号），规定了应当对油气田企业提供的各项生产性劳务征收增值税，包括对地质勘探、钻井、测井、录井、试井、固井、试油气、修井、油气集输、采油采气、海上油田建设、供排水供电供热通讯、油田基本建设、环境保护及其他等过程中提供的各项劳务征收增值税。2016年营业税改征增值税政策，增值税增加两档低税率6%（现代服务业）和11%（交通运输业），其中涉及天然气的管道运输业适用的营业税由3%增加到11%的增值税税率。这一政策因油气产业的不同情况而不同对待。如新设立的天然气企业，新建管道、购买设备可以在消费型增值税制下直接抵扣增值税，从而降低企业的税收成本。而对于非新设立的企业，由于实施增值税制改革之后购入的设备和新建管线等可直接抵扣增值税，有利于天然气产业采用新技术、更新设备、加速天然气管线建设的步伐，最终提高了天然气产业的竞争力。

3.4.2 企业所得税

在现行的企业所得税中，对国家重点扶持的公共基础项目投资经营所得，以及从事符合条件的环境保护、节能节水项目的所得可以免征减征企业所得税。有关油气行业企业的所得税优惠政策，包括油气行业企业在开发新技术、新产品、新工艺产生的研究开发费用，以及安置残疾人员及国家鼓励安置的其他就业人员所支付的工资可以在计算应纳税所得额时加计扣除。对于企业固定资产由于技术进步等原因，确需加速折旧的，可以缩短折旧年限或采取加速折旧的方法。另外，油气企业在发展低碳计划的过程中，购置的用于环境保护、节能节水、安全生产等专用设备的投资额，可以按一定比例实行税额抵免。

3.4.3　资源税

资源税对环境保护作用是间接的，只有当产品或行为和污染物的排放或破坏之间存在直接、稳定的关系时，资源税的环保作用才能有效地发挥。征收资源税有利于完善资源产品价格形成机制。通过价格传导机制提高油气资源产品价格，抑制油气产品过度消费，避免造成环境的更大污染。同时可促进资源合理开采利用，加快经济发展方式转变，保护油气资源开发生态环境。使私人成本、私人利益与相应的社会成本和社会利益均衡，进而使资源配置达到最优状态。油气资源开发利用不可避免地将对矿区生态环境造成污染和破坏，可通过税费提高外部性行为主体的成本，以使油气产品价格体现生态环境价值（如表3－4所示）。

表3－4　　我国资源税发展历程一览

时间	通过法律条文	主要内容
1984.9.18	国务院发布的《中华人民共和国资源税条例（草稿）》	对在我国从事原油、天然气、煤炭等矿产资源开发的单位和个人征收资源税，征收基数是销售利润率超过12%的利润部分
1994.1.1	《中华人民共和国资源税暂行条例》《中华人民共和国资源税暂行条例实施细则》	将征收范围扩大到原油、天然气、煤炭、其他非金属原矿、黑色金属矿原矿、有色金属矿原矿和盐七大类，并采取从量计税

续表

时间	通过法律条文	主要内容
2010. 6	进行资源税在试点范围内改革	将原油、天然气资源税由从量计征改为从价计征，首先在新疆试点，后扩大至西部内蒙古、甘肃等12个省区
2011	修改《中华人民共和国资源税暂行条例》	从价计征改革从试点向全国推开，原油、天然气税率均为5%
2016. 7. 1	在全国范围内全面推进资源税改革	对绝大部分商品实行从价计征，建立了税收与资源价格挂钩的自动调节机制
2020. 9. 1	十三届全国人大常委会通过了资源税法	统一了税目、调整了具体税率确定权限、规范了减免税政策。包括：对开采原油以及在油田范围内运输原油过程中用于加热的原油、天然气，煤炭开采企业因安全生产需要抽采的煤成（层）气免征资源税；对低丰度、高含硫、稠油以及从衰竭期矿山开采的矿产品减征；原油、天然气税率为6%

来源：根据历年资源税整理。

2019年8月26日第十三届全国人大常委会第十二次会议审议通过了《中华人民共和国资源税法》（以下简称《资源税法》），于2020年9月1日起施行。《资源税法》的颁布，不仅是贯彻施行中国当前实施的绿色发展理念，对规范资源税的征管行为和缴纳行为具有重大的意义，同时也给油气企业带来了新的挑战。主要体现在以下三个方面：一是从价计征增加了提升经济效益的压力。体现在油气企业将不再享受油气价格上涨的全部收益，国家将按照比例享有价格上涨的红利；随着油气采出程度的提升，油气勘探开发成本已呈上涨趋势，将压低油气行业的盈利空间。二是对于一些减免规定增加了提升管理能力的压力。三是非常规天然气征税增加了投资上的压力。如果在税法实施之后对非常规天然气的开发没有给予相应的明确的减免政策，将影响到企业投资的积极性。

3.4.4 探矿权采矿权价款

根据《矿产资源勘探区块登记管理办法》《矿产资源开采登记管理办法》，在中华人民共和国领域及管辖海域勘察、开采矿采资源的企业，均需按规定缴纳矿业权使用费与价款，由矿业权登记管理机关负责收取，纳入国家预算。目前，根据《自然资源部办公厅 财政部办公厅关于矿业权有偿处置有关问题的通知》（自然资办函〔2023〕223 号）规定：“一、依据《财政部 国土资源部关于加强对国家出资勘查探明矿产地及权益管理有关事项的通知》（财建〔2010〕1018 号）等有关文件规定，已按财政出资比例进行评估并缴清价款的探矿权、采矿权，已缴纳价款对应的资源储量属于已完成有偿处置，不需再缴矿业权出让收益。其余资源储量属于未有偿处置，动用时应参照《财政部 国土资源部关于印发〈矿业权出让收益征收管理暂行办法〉的通知》（财综〔2017〕35 号，以下简称‘35 号文件’）中关于新增资源储量的规定，缴纳采矿权出让收益。二、以申请在先方式取得且不涉及国家出资探明矿产地的探矿权，违反财政部、自然资源部规定按面积核算并征收‘价款’的，不属于完成有偿处置。涉及转采矿权的，应按 35 号文件的有关规定缴纳采矿权出让收益。矿业权人申请退还已征收的‘价款'，应按规定予以退还。三、涉及上述情形时，对符合规定的矿业权，采用出让收益率的形式征收采矿权出让收益。各地应梳理之前出台的地方性政策，做好制度衔接。"

3.4.5 石油特别收益金

我国石油特别收益金起征于2006年3月26日，截至目前，石油特别收益金起征点共经历两次调整。分别为2011年的调整以及2014年的调整，这两次石油特别收益金起征点的调整对于我国油气产业的发展有不小的影响。2014年12月25日，经国务院批准，财政部发布《关于提供石油特别收益金起征点的通知》（财税〔2014〕115号），决定从2015年1月1日起，将石油特别收益金起征点提升至65美元/桶。起征点提高后，石油特别收益金征收仍然实行5级超额累进从价定率计征。

从经济后果上讲，当资源税改革实施时，势必会增加油气产业的成本，可能会有打击油气产业发展积极性的可能。而石油收益金起征点的提高则从另一方面对成本的提高进行了适当的弥补，从成本方面促进我国石油行业的发展。石油收益金与资源税的征收二者相结合，既体现了我国对环境保护的重视，又从另一方面减轻了企业的成本负担，二者使我国石油产业价值链更加合理，对石油行业的转型以及替代能源的开发都起到积极作用。

综上所述，增值税、资源税与石油收益金都会对油气产业成本产生影响，近年来增值税的下调与石油收益金的上涨均在一定程度上降低了石油产业的成本，而资源税的上涨虽然会导致成本的增加，但其增加额与石油收益金带来的成本下降额基本持平。同时资源税的上涨势必会引导石油产业向节约型、环保型转型，对石油产业的低碳发展起到良好的促进作用，同时对企业下一步发展的战略规划做出了引导。通过油气产业财税政策的制定与实施，从宏观上为企业的发展指明方向。

第4章 现行财税政策对陕西油气产业经济影响的实证检验

4.1 引言

油气资源的开采利用不可避免地造成环境污染，威胁人类生存和社会可持续发展。自2002年起，我国相继颁布《清洁生产促进法》（2002.6）、《可再生能源法》（2005.2）、《节约能源法》（2007.10）、《循环经济促进法》（2008.8）、《节能减排综合工作方案》（“十二五”，2011.8；“十三五”，2016.12）、《节能减排低碳发展行动方案》（2014.5）、《节能低碳产品认证管理办法》（2015.11）、《能源法（征求意见稿）》（2020.4）、《“十四五”节能减排综合工作方案》（2021.12）等促进产业低碳发展的法律法规。2015年，中共十八届五中全会在总结了国内外经济发展经验教训和社会发展趋势的基础上，针对我国发展中存在的突出矛盾和问题，提出创新、协调、绿色、开放、共享的新发展理念。2017年，党的十九大报告提出五位一体的总体布局，进一步明确要求贯彻新发展理念，实现经济与生态环境的可持续协调发展。2022年，党的二十大报告中提出要深入推进能源革命，加强煤炭清洁高效利用，加大油气资源勘探开发和增储上产力度，加快规划建设新型能源体系，积极参与应对气候变化全球治理。

根据中国石油经济技术研究院《2022年国内外油气行业发展报告》统计，2022年我国原油对外依存度71.2%，天然气对外依存度40.5%，油气短缺形势依然严峻。在面对增加油气供应和减少CO_2减排的双重压力下，油气产业的低碳发展将直接面临成本、工艺、替代能源竞争，以及勘探、开发、炼化等各个环节技术和管理水平提升等的挑战。为了引导、支持和鼓励油气企业加快转变发展方式，努力实现低碳发展，政府除了支持技术创新之外，也要强化产业扶持政策。同时，从发达国家的经验来看，财税政策是促进经济低碳发展最为重要的手段（陈新平，2010）。当前，在油气产业财政政策方面，促进产业低碳发展主要采取财政补贴，如低碳研发示范、企业节能减排等；优惠贷款或基金，如节能减排及可再生能源专项基金等；绿色政府采购和政府奖励，如关于环境标志产品政府采购实施意见等；碳排放权交易市场建设等。而在税收政策方面，有增值税、所得税、资源税等相关税收优惠，以及环境税征收减免等。财税政策由政策目标、实施手段、传导机制三部分组成。其中，政策目标构成政策的核心内容，使政策具有确定的作用方向并发挥指导作用；实施手段是指为实现既定的政策目标所选择的组织方式和操作方式，其主要实施手段是税收与公共支出；传导机制是指政府通过众多的财政工具最终作用于经济而实现财税政策目标，传导媒介包括收入分配、货币供应和价格等。目前实施的促进油气产业低碳发展财税政策的经济效应到底如何，有没有实现油气产业低碳发展、保障油气供应和驱动产业经济增长的政策目标，亟须实证检验和论证证据，以进一步优化支撑油气产业低碳发展的财税政策选择。

4.2 文献述评

4.2.1 产业财政政策经济效应

（1）在宏观行业层面，研究表明有效的财政政策与产业结构和经济增长具有重要的关联度。古普塔等（Gupta et al.，2005）以 39 个低收入国家为样本，研究表明财政支出中非工资商品与服务比重较高，经济增长更快。李和宋（Lee and Sung，2005）采用发展中国家的数据，研究财政政策对经济周期的影响，结果表明经合组织国家的财政政策具有明显的反周期性。阿方索等（Afonso et al.，2013）使用脉冲响应函数研究经合组织财政政策与宏观经济的相互作用，研究表明积极的财政政策增加劳动力供应带来的经济财富。穆伊内洛－加洛和罗卡－萨加莱斯（Muinelo－Gallo and Roca－Sagalés，2013）从财政政策视角分析收入不平等与经济增长的关系，结果表明收入不平等影响财政政策执行效果，分配性支出和直接税降低经济增长和收入不平等。法塔斯等（Fatás et al.，2013）证实频繁调整财政支出对经济增长产生负面影响。阿吉翁等（Aghion et al.，2014）研究结果表明实施反周期财政政策的国家，轻资产和依赖外部融资的行业经济增长较快。刘易斯和温克勒

(Lewis and Winkler，2015）研究表明扩张性财政政策增加经济体消费和企业活跃程度，进口在财政支出中比重较大时产生溢出效应。哈尔科等（Halkos et al.，2015）通过综述财政政策与经济发展的研究成果，指出实证研究需要补充两者之间的交互作用并考虑财政政策的长期影响，需要建立财政政策与经济增长质量的关系模型。在我国，鉴于产业结构发展不平衡，财政政策效应的研究成果主要集中于促进产业结构优化方面。何明洋等（2022）研究发现财政政策可有效提振各行业疫情发生当年乃至“十四五”时期的产出水平，显著对冲新冠疫情的不利影响。并且财政政策对于不同行业的影响存在明显分化，政策效应的异质性特征较为突出，建筑、水利、环境等行业受政策提振增幅显著，住宿餐饮、公共管理等行业提振效果不佳。储德银、建克成（2014）从总量和结构效应的双重视角，实证研究财政政策对产业结构的影响。结果表明税收政策、教育和科技支出促进产业结构调整。夏天等（2023）研究发现中央财政和综合税收的独立效应加快资本结构调整速度，而地方财政和货币供给的独立效应减缓资本结构调整速度。宋来（2017）测度财政政策的总量效应、区域效应和结构效应，研究表明财政政策对产业结构调整效应显著，但财政政策不具有优化产业结构的作用。任爱华和钱宇（2017）运用自回归模型研究财政政策对产业结构优化的非对称效应，研究表明不同区制内财政支出对产业结构的作用不同。白丽飞（2023）研究发现市场机制的不断完善和政府重公共服务的财政政策均能有效增强数字经济的碳减排效应，且两者叠加的碳减排效应也十分显著。

（2）在微观企业层面，多数研究成果表明财政政策与企业价值或研发创新能力产生促进或区间效应的关系。Van Cauwenberge

等（2016）在地方政府财政自主权提高的背景下，研究财政政策的经济影响，结果表明财政政策能够增加企业价值。蔡书凯等（2016）研究表明财政资金支持提高中小企业绩效。吕敏康（2017）从需求、融资和供给三个维度，建立财政政策影响企业行为的分析框架，结果表明扩张性财政政策整体增加企业价值，对销售增长率较低、经营现金流更好的企业价值增加更为明显。马嘉楠等（2018）、苏娜（2019）选择不同样本，证实财政科技补贴促进企业研发投入，企业规模对二者关系具有正向调节作用。然而，李苗苗等（2014）以战略性新兴产业216个上市企业为样本，探讨财政政策、研发费用和技术创新能力之间的关系，实证表明财政政策对后两者的影响具有门槛效应。张瑶等（2022）的研究结果总体来看，在经济上行期，财政收入政策的正向变动会降低企业的盈利能力；而财政支出政策的正向变动会提高企业的盈利能力。在经济正常运行期，财政收入政策的正向变动会提高企业的盈利能力；而财政支出政策的正向变动会降低企业的盈利能力。在经济下行期，财政收入和支出政策的正向变动都会降低企业的盈利能力。此外，由于国有企业和民营企业在政企关系和盈余管理等方面存在较大差异，财政政策对两类企业盈利能力的影响存在显著差异。马海涛等（2020）研究发现，扩张性财政政策会对企业固定资产投资产生挤入影响，对研发投资产生挤出影响，且这种影响效果随着企业融资约束水平的上升而增加。陆阳（2023）认为扩张的财政政策和紧缩的财政政策下，上市公司均存在投资－现金流敏感性。相比扩张的财政政策，在紧缩的财政政策下，企业可能有更高的投资－现金流敏感性，企业投资水平较低。

4.2.2　产业税收政策经济效应

（1）在宏观产业效应层面，税收政策的研究主要集中于经济增长和产业结构升级两方面。托松和阿比扎德（Tosun and Abizadeh，2005）以经合组织国家为研究对象，结果表明个人所得税和财产税能促进经济增长，个人所得税和商品税产生抑制作用。威勒和拉奥（Weller and Rao，2010）研究累进所得税政策与经济稳定性的关系，结果表明累进所得税能促进社会收入公平，从而减少经济发展的不确定性。哲罗普洛斯等（Angelopoulos et al.，2012）研究英国税收政策与长期经济增长的关系，发现降低劳动税、提高资本税能够促进经济发展。黄和黄（Huang and Huang，2015）研究税收政策对台湾制造业企业生产力的影响。结果表明减免税提高企业生产力，税收政策能够促进国民经济增长。康等（Kang et al.，2016）在密歇根州工业设施税减免背景下，实证研究减免税政策的效果，结果表明税收减免能够提高产权价值，不影响当地工业产值增长。在国内，自从 2010 年国务院发布《国务院关于加快培育和发展战略性新兴产业的决定》后，相关产业支持政策迅速成为研究热点。高东芳和方晓琳（2012）、李香菊和杜伟（2013）发现战略性新兴产业的税收政策较为分散，税收优惠偏重研发和生产，他们均提出建立普惠性税收政策体系的建议。费茂清（2013）梳理战略性新兴产业的税收政策，汇总得出科技税收不完善、环保税收不健全等问题，提出发挥税收调节作用，完善相关税收政策的建议。刘中军等（2022）研究结果表明绿色税收可以促进企业进行技术创新，物质资本投资、人力资本投入、科技创新水平及对外开放程度等生产要素投入都会促进经济增长。然而，鉴于基础投资的公共物品属性，现有教育体制及人力资本供给水平有限，以及各国普遍采取审慎的适度开放政策，导致物质资本投资、人力资本投入与对外开放程度等因素对实现产业升级作用有限。李戎等（2023）研究发现外生性税收政策事件使税收收入占GDP比重增加1个百分点将显著地降低实际GDP4.2%；固定资产投资和消费品零售总额受正向税收冲击的影响则分别降低6.4%和4.1%。李波（2015）强调运用税收政策促进产业结构升级，建立税收优惠的绩效评估和退出管理机制。蒋丽丽和周丹（2015）针对产业结构升级内生动力不足和政策扭曲的问题，指出政策设计需要以创新为导向。徐艺等（2022）研究发现无论是狭义和广义的绿色税收，在短期内都不利于产业结构升级；狭义绿色税收对产业结构高级化、广义绿色税收对产业结构升级都存在滞后效应，且具有显著的正效应；绿色税收对产业结构升级的影响在不同区域存在差异；绿色税收对产业结构升级呈现“U”形非线性关系。

（2）在微观企业效应层面，基于全球以创新驱动为核心的产业增长模式，研究主要集中于税收政策如何促进研发投入或影响企业价值。古贺（Koga，2003）利用904家日本制造企业的数据，检验研发税收抵免政策的有效性，研究表明税收抵免可以增加研发投入。陈和古普塔（Chen and Gupta，2017）、吴（Wu，2008）实证结果表明国家研发税收抵免政策能够促进高新技术企业发展。张明（2017）以非上市公司为样本，运用断点回归的方法证实税收征管降低企业全要素生产率。施炳展等（2023）研究发现分散化税收优惠政策会促进当地该行业高效率企业创新产出，而抑制低效率企业创新产出，同时增大分散化税收优惠政策的分散化程度会扩大受惠企业的范围，促进高效率企业的创新产出。胡凯和吴清（2018）选择中国上市制造业公司为样本，结果表明税收激励能增加研发支出，但不能提高企业全要素生产率。李维安等（2016）采用我国上市民营企业的面板数据，研究发现税收优惠能够提高企业创新绩效，研发投入具有中介作用。侯尚法（2022）发现在享受税收激励和创新补贴后，企业顺应市场环境变化，融合科技并不断研发创新，经营业绩较之前均有显著提升。袁建国等（2016）实证分析税收优惠与企业技术创新的关系，结果表明税收优惠对研发活动具有激励效应，但对研发产出作用不明显。然而，部分学者对此持相反观点。汤姆森和智力（Thomson and Intellectual，2010）研究澳大利亚公司研发投入的决定因素，证实税收政策不能增加企业的研发投入。张济建和章祥（2010）基于高新技术企业的问卷数据，发现现行税收政策与高新技术企业的研发投入呈不显著相关。研究结论不同的原因在于企业异质性影响税收政策的作用效果。杨杨等（2014）研究税收负担与中小民营企业价值的关系，结果表明减少税负可以增加企业价值，但对于中西部和制造业企业则恰恰相反。黄志忠等（2015）研究表明税收优惠对国有企业的创新投资没有影响，但对民营企业的研发投资具有显著影响。景明禹等（2022）实证研究发现税收负担不确定性对企业创新存在负向影响，而政府补助可以有效弱化税收负担不确定性对企业创新的负向影响，并且相较于一般创新补助，创新专项补助的调节作用更为有效。

4.2.3 财税政策综合效应

（1）在宏观产业方面，重心仍然是财税政策组合如何有效促进产业结构升级。郭晔（2011）、郭晔和赖章福（2010）研究货币和财政政策对区域产业结构的调整效应，结果表明财政政策的调整效应大于货币政策，东中部的货币和财政政策具有产业效应，西部地区效应不明显。张同斌和高铁梅（2012）考察财税政策对高新技术企业产业结构的影响，结果表明财政政策更能促进高新技术企业产出，税收政策能够更好地调整产业结构。任爱华和郭净（2017）研究不同时期财政政策对产业结构优化的动态效应，结果表明经济萧条时需要采用减少财政支出、增加税收的紧缩型政策。王方方和李宁（2017）通过三维脉冲响应进行时变性分析，研究发现财政政策对产业结构优化产生时变效应。经济衰退时期应增加财政支出，小幅度减税。张国庆等（2020）研究发现，提高生产要素的税率不仅会导致该生产要素外流，还会导致其他生产要素外流；在税率变化冲击下，要素存量调整至新的均衡状态与生产函数凹性和调整成本函数凸性有关；对发达地区落后产业实行高综合税率及新兴产业实行低综合税率会促进地区产业升级，对落后地区实行低综合税率会促进地区经济发展和产业升级。程德智（2017）通过财政与税收两个维度定量分析产业升级效应，结果表明税收收入和财政支出能够促进产业结构升级，财税政策存在结构性差异。冯发贵和李隋（2017）采用非均衡面板模型，实证研究财政补贴与税收优惠对产业政策的作用效果。结果表明受产业政策支持的企业获得较多的政府补贴和税收优惠，经营绩效较好。

（2）在微观企业的政策效应方面，学者更关注财税综合政策对企业研发活动的影响。多数学者认为财税支持能够促进企业研发活动，但在财政政策与税收政策效应孰高上存在争议。朱等（Zhu et al.，2006）研究政府投资和税收优惠与工业企业研发投入的关系，结果表明政府直接投资对研发活动具有促进作用，税收优惠效果并不明显。胡慧芳等（2022）研究结果显示在战略性新兴产业培育发展的最初10年，财税政策对企业研发活动起促进作用，带动了研发投入的增加，并获取了更多的专利成果。郑春美和李佩（2015）以高新技术企业为研究样本，陈远燕（2016）以非上市公司为样本，杨晓妹和刘文龙（2019）以制造业企业为样本，刘兰剑等（2021）、谢林海等（2022）以新能源产业上市公司为样本，得出相同的研究结论，即财政政策比税收政策更有效。陈东和法成迪（2019）采用门限回归模型讨论财税政策对企业创新的影响，结果表明当政府补贴较低时，税收优惠产生激励效应；过高时则产生挤出效应。另有部分学者对此持相反观点。储德银等（2016、2017）运用战略性新兴产业上市公司的微观数据，实证研究财税政策对创新投入和专利产出的影响，结果表明财税政策均对创新投入产生正向作用，财政补贴对专利产出的激励效果并不显著，税收优惠通过研发费用的间接作用对专利产出具有激励效果。杨博等（2021）研究发现财政政策和税收政策均可有效提高中国A股上市企业的创新质量。相较之下，固定资产加速折旧政策对上市企业经济效率的改进作用大于高质量创新产出，而政府创新补贴政策则相反。张帆和张友斗（2018）分析财税政策对企业经营绩效的影响，结果表明财税政策能够提高上市公司的收入增长率和总资产净利率，财政政策的作用效应小于税收政策。白旭云等（2019）、闫华红等（2019）、朱云欢和张明喜（2010）等选择不同样本，实证结果表明税收优惠比财政补贴更能促使企业开展研发活动。少数学者将研究成果进一步深入细化。针对不同企业控制权属性，王彦超等（2019）研究表明税收优惠和财政补贴对民营企业创新激励效果明显。江静（2011）研究表明政府补贴对内资企业的研发活动促进效果显著，但对外资企业产生抑制作用。税收优惠能够促进港澳台资企业的研发活动。梁彤缨等（2023）就绝对效应而言，无论财政补贴与企业所得税减免，还是财政补贴与研发费用税前加计扣除政策组合，对企业研发投入均产生显著的促进作用；就相对效应而言，与单一财政补贴政策相比，两种财税政策组合对企业研发投入促进作用更大。

进一步地，聚焦油气产业财税政策与产业低碳发展研究，相关文献很少，更多的是单纯研究油气产业结构与区域经济、油气企业价值等，缺乏油气财税政策的专门研究。油气产业结构与区域经济文献，如胡健和焦兵（2007）从产业集中度的视角对石油行业上下游产业开展研究，得出上游产业具有集群性的结论。张在旭等（2015）以油气资源城市的面板数据作为研究样本，实证检验资源诅咒效应的存在。焦兵（2011）研究发现油气资源开发促进陕西省经济发展，但造成区域经济发展不均衡。在油气企业价值方面，尤因等（Ewing et al.，2002）实证研究油气收益指数的时间序列特征，总结得出波动率传递模式；尤因和汤普森（Ewing and Thompson，2016）深入探究油气储量对股票市值的影响，研究发现当前与未来油气产量存在均衡点。阿什和米桑德（Asche and Misund，2016）提出可比公司股权估值的新方法，根据财务信息和市场估值的相似性选择公司，并用油气企业进行实证检验。张彦明等

(2019)、李宏勋等（2020）分别研究了股权结构、资本结构对油气企业价值的影响。综上所述，从已有文献的梳理来看，财税政策如何支持油气产业发展，鉴于搜索文献途径的局限，几乎没有直接文献。

综合国内外财政和税收政策研究成果，两种政策个别效应及综合效应的研究主要在产业结构优化和经济增长等宏观层面，揭示政策对产业发展的引导性。财税政策对微观主体的作用效果较为复杂。由于企业存在异质性，研究结论不太统一。原因在于，财税政策作为国家宏观经济的调控手段，两者之间存在紧密联系，不能片面地将两者割裂。研究财税综合政策的经济效应，不仅能克服单独研究财政或税收政策视野局限的问题，也可以比较两种政策作用力度的高低。先前研究者研究成果对此存在争议，充分暴露出对企业异质性考虑不足的问题，已有文献尚未充分研究财税政策影响企业的作用机制。本质上，明确财税政策对于企业经营传导及作用机制是影响政策效应的根本问题，也是政策能否实现预期目标的关键。油气产业作为我国重要的战略支持产业，在当前国家新发展战略引领下，研究财税政策效应如何促使油气产业低碳发展，具有重要的理论和现实意义。因此，评估财税政策对油气企业的作用效果，需要建立两者之间的关系。鉴于现有文献对油气财税政策效应及两者之间的关系缺乏研究，其作用机制需要深刻探讨。本研究的主要贡献在于：（1）先分别研究财政政策和税收政策的个别效应，再检验财税政策的综合效应，实现财税政策效应的全面评价；（2）将研究对象限定于陕西油气企业，既能避免企业异质性改变研究结论的问题，又能丰富陕西油气企业的研究成果；（3）将财税政策进一步限定于低碳政策可以评价低碳财税政策的实施效果；（4）深入探究财税政策效应的作用机制，能够助力财税政策实现陕西油气企业的低碳发展。

4.3 研究对象与基本统计

4.3.1 研究对象与样本

陕西作为西部能源大省，油气产业一直是推动区域经济发展的支柱产业。2010 年 8 月，国家发改委下发《关于开展低碳省区和低碳城市试点工作的通知》，陕西成为全国首批低碳试点地区之一。按照国家发改委要求，试点地区要编制低碳发展规划，制定支持绿色低碳发展的配套政策，加快建立以低碳排放为特征的产业体系。鉴于财税政策的区域差异性及陕西作为西部能源富集省份，财税政策经济效应检验应该更具代表性，因此选取陕西省油气企业作为研究对象。

实证数据来自国泰安数据库，根据中信证券和证监会的行业分类，筛选出陕西省上市油气企业共 20 家，其中沪深企业 6 家，新三板企业 14 家。鉴于 2010 年陕西省成为第一批低碳试点城市，因此数据获取 2010—2022 年在陕油气企业的相关资料。但有些企业在 2010 年以后上市，这些企业 2010 年至上市年份的财务数据不可获得，造成部分数据缺失。由于企业上市板块不同，资产规模相差较大，为消除规模效应影响，统一标准化处理。

4.3.2 政策梳理与陕西油气产业财税支持的基本统计

（1）政策梳理。2010 年至今，国家和陕西省支持低碳发展的财政政策和税收政策如表 4－1 和表 4－2 所示：

表 4－1　　国家、陕西省 2010 年至今支持企业低碳发展的财政政策一览

政策类型	政策内容	相关文件
招商引资	专项资金	《关于印发〈对外投资合作专项资金管理办法〉的通知》（财企〔2013〕124 号）
		《关于做好〈2023 年陕西省产业结构调整（服务业）专项资金项目申报工作〉的通知》陕发改贸服〔2022〕1768 号
研发创新	科技创新资金	《2011 年陕西省重大科技创新项目专项资金项目计划》（陕科产发〔2011〕172 号）
	专利创造资助金	《陕西省知识产权局关于发布陕西省专利创造资助办法（试行）的通知》（陕知发〔2015〕76 号）
项目专项	重点产业振兴和技术改造项目	《关于加快推进重点产业振兴和技术改造专项项目建设有关事项的通知》（陕工信发〔2016〕481 号）
	工业转型升级专项资金	《关于征集 2018 年工业转型升级重点项目的通知》（陕工信发〔2017〕397 号）
维持稳定	稳增长贡献突出企业奖励资金	《关于表彰奖励 2017 年上半年工业稳增长贡献突出企业的决定》（渭政发〔2017〕38 号）
奖励先进	工业企业表彰奖励资金	《关于对 2017 年度循环工业发展先进单位进行表彰奖励的通报》（汉政字〔2018〕23 号）

续表

政策类型	政策内容	相关文件
低碳环保	环境保护与安全生产工作奖励	《安全生产举报奖励办法》（安监总财字〔2012〕63 号）
	资源节约利用技改项目补助资金	《关于下达 2017 年中央预算内资源节约循环利用重大工程投资计划（第一批）的通知》（陕发改投资〔2017〕525 号）
	资源综合利用产品即征即退税款	《关于资源综合利用增值税政策的公告》（财税〔2019〕90 号）
	环境治理补助	《关于提升全省生态环境治理能力 助推高质量发展的若干措施的通知》（陕环发〔2019〕37 号）
贷款融资	工业企业流动资金贷款贴息	《关于申报 2016 年工业稳增长企业流动资金贷款贴息的通知》（市工信发〔2017〕45 号）
促进发展	鼓励企业上市发展	《西安市鼓励企业上市发展专项资金管理办法》（市财发〔2016〕60 号）
	发展多层次资本市场奖励	《陕西省促进企业在多层次资本市场发展及直接融资奖励补助办法》（陕金融发〔2017〕6 号）
	新三板挂牌补助资金	《关于申报省级中小企业新三板挂牌补助资金的通知》（陕中企融发〔2017〕137 号）
	减轻企业负担	《陕西省进一步加大对中小企业纾困帮扶力度的若干措施》陕政办发〔2021〕43 号
		《国务院办公厅关于进一步加大对中小企业纾困帮扶力度的通知》（国办发〔2021〕45 号）
		《财政部关于进一步加大政府采购支持中小企业力度的通知》（财库〔2022〕19 号）
		《2022 年陕西省减轻企业负担工作要点》（陕工信函〔2022〕152 号）

表 4－2　　国家、陕西省 2010 年至今支持企业低碳发展的财税政策一览

影响项目	具体列示	文件
所得税	研发费用加计扣除 100%	《财政部 税务总局关于进一步完善研发费用税前加计扣除政策的公告》（财政部税务总局公告 2023 年第 7 号）
	节能环保设备抵税 10%	《关于环境保护节能节水安全生产等专用设备投资抵免企业所得税有关问题的通知》（国税函〔2010〕256 号）
	合同能源管理项目免征所得税	《国务院办公厅转发发展改革委等部门关于加快推行合同能源管理促进节能服务产业发展意见的通知》（国办发〔2010〕25 号）
	资源综合利用企业所得税优惠	《关于资源综合利用企业所得税优惠管理问题的通知》（国税函〔2009〕185 号）
	鼓励类产业 15% 的优惠税率	关于执行《西部地区鼓励类产业目录》有关企业所得税问题的公告（国家税务总局公告〔2015〕14 号）
	建设项目产业三免三减半	《财政部 国家税务总局 国家发展改革委关于公布公共基础设施项目企业所得税优惠目录（2008 年版）的通知》（财税〔2008〕116 号）
增值税	资源综合利用企业增值税优惠	《财政部 国家税务总局关于部分资源综合利用及其他产品增值税政策问题的通知》（财税〔2001〕198 号）
	部分低碳项目免征增值税	《财政部 国家税务总局关于将铁路运输和邮政业纳入营业税改征增值税试点的通知》（财税〔2013〕106 号）
	合同能源管理项目免征增值税	《财政部 国家税务总局关于促进节能服务产业发展增值税、营业税和企业所得税政策问题的通知》（财税〔2010〕110 号）
税金及附加	缴纳环保税	《中华人民共和国环境保护税法》

由此可见，当前陕西油气企业受到的财税政策较多，财政政策的数量明显多于税收政策。在财政政策中，项目专项、奖励先进和促进发展政策数量较多。在税收政策中，所得税和增值税政策数量较多，主要是通过减免税和优惠税率的方式减轻企业税负，从而影响企业经营状况。同时，2018 年起《环境保护税法》的实施标志着缴纳环保税成为油气企业的义务。这使油气企业在追求经济效益的同时，需要考虑碳排放增加的成本。整体来看，低碳税收政策与非低碳税收政策的数量大致相当，表明政府已经开始重视油气企业低碳税收政策的制定。

（2）陕西油气产业财税支持情况的基本统计

①财政补助情况

对陕西油气企业来说，2016 年以前政府补助整体稳中有升，变化幅度不大。但 2014 年后半年国际油气价格断崖式下跌后，油气企业的经营业绩大幅度下滑，为保证油气企业正常运营，油气行业政府补助剧增。2018 年下半年国际油价出现大幅度震荡，油气需求疲软，当年政府补助的金额与 2015 年相近。随着油气供求关系趋于平衡，2019 年政府补助下降到 2017 年的水平。2022 年的补助金额将近 2 亿元，是近 10 年的最大值。整体而言，陕西油气企业的政府补助与国际油气市场密切相关（见图 4 - 1）。

②税费支出情况

陕西油气企业的税费支出在不同年份之间相差悬殊（见图 4 - 2）。2012—2015 年，油气企业经营状况良好，实际缴纳税费逐年增加。但是，从 2015 年到 2017 年，国际油气市场的低迷间接影响油气企业的经营效益。这段时间内油气企业的税费支出处

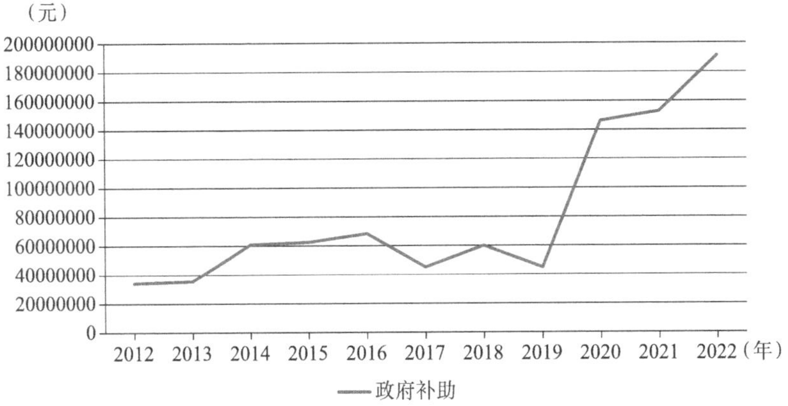

图 4－1　陕西油气企业财政补助情况

于低位。与政府补助类似，2017—2019 年油气市场的转暖使企业经营业绩有所提高，油气企业的税费支出恢复到 2012 年的水平。油气企业的税费支出在 2021 年达到峰值后又缓慢跌落。

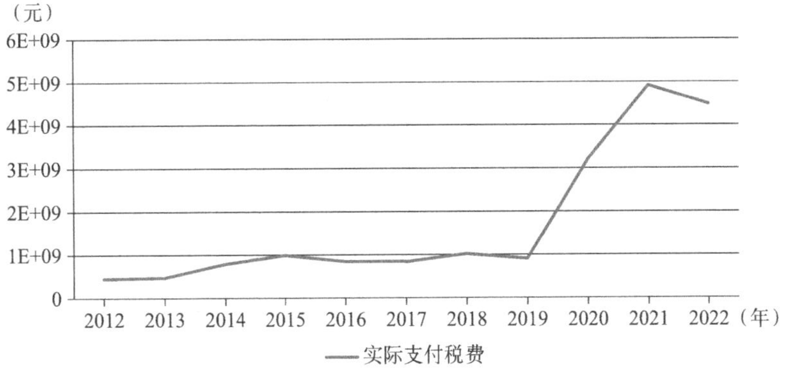

图 4－2　陕西油气企业税费支出情况

4.4 研究假设

4.4.1 财政政策个别效应研究假设

财政政策是调控国家宏观经济的主要手段。政府通过投资或消费的方式从企业获得产品或服务。在积极的财政政策下，政府建立市场交易秩序，保障企业正常运营，通过发放补助向企业提供生产要素，促进企业组织生产。政府补助作为企业获取外部资金的一种方式，一方面，它可以克服债务和股权治理带来的各种成本；另一方面，获得政府补助的企业在行业中一般处于领先地位，有利于引导产业符合国家战略。当前，在国家创新驱动战略下，财政科技支出是财政政策的最重要部分，是政府补助企业的主要形式（邹建军和刘金山，2020）。政府补助与企业研发活动的关系产生促进论、抑制论和区间效应三种观点。支持促进论的理由在于：政府补助向投资者释放积极信号，为研发活动提供资金支持，从而降低企业研发风险和成本（王薇和艾华，2018）；政府补助缩小研发活动中私人收益与社会收益的差距，减少市场失灵的影响（Lee and Cin，2010；任海云和聂景春，2018）。但是，林小玲（2019）分析指出持续研发活动获得成果取得高额市场回报时，竞争对手开始模仿，产生“搭便车”行为，导致企业收益降低。同时，舒宽等(Shukuan et al.，2018)、余等（Yu et al.，2016）考虑寻租活动的影响，发现国有企业通过与官员建立联系更容易获得政府补助，产生寻租和不公平竞争等问题，造成资源错配。这些使政府补助对研发活动产生负效应。张仪华等（2022）研究结果表明，政府创新补助对企业创新具有促进作用，且相比企业策略性创新，政府创新补助对企业的实质性创新促进作用更强。综合以上两种观点，黄文娣等（2022）研究发现政府补贴对企业研发投入有正向激励效应，但效应非线性呈门槛特征，补贴强度大于 4.30% 时效果更显著；同时，补贴对企业研发投入的影响分别存在以企业规模和股权集中度为控制变量的双门槛效应，具体表现为对资产小于 6.712 亿元的企业研发投入影响最显著，对股权集中度介于 1.109～4.718 的企业研发投入影响最显著。戴小勇和成力为（2014）实证研究发现政府补助与研发费用之间可能存在非线性关系。政府补助在一定范围内促进企业开展研发活动，超过该范围便产生抑制作用。企业特征是研究结论不同的主要原因。童锦治等（2018）研究发现政府补贴的作用效果具有异质性，因成熟期企业资本性支出较少，经营风险较低，政府对这类企业进行补贴产生激励作用。范定祥和来中山（2019）指出国有企业因国家担保，具有较强的融资能力，政府补助对研发活动的影响程度较低。宋丽颖和杨潭（2016）研究表明企业过度集中造成资源浪费，在适度集中的情况下政府补助的促进作用更明显。

经梳理后发现，由于低碳经济政策实施不久，低碳财政政策的数量和金额远小于非低碳财政政策。在此情况下，享受低碳财政政策对企业研发活动的影响不明显；相反，对于未受低碳财政政策影响的企业，长期非低碳财政政策带来的大量政府补助可以满足非低碳研发活动的需求，使未受低碳财政政策影响的企业更愿意投入资金开展研发活动。当前我国政府补贴金额较少，获得补贴的企业数量有限，政府补助对于企业研发具有激励作用（赵树宽等，2017）。陕西油气企业处于垄断竞争状态，政府管控较强，经营状况稳定。于是提出以下假设：

H1a：政府补助促进陕西油气企业开展研发活动。

H1b：相对于受低碳财政政策影响的大企业，未受低碳财政政策影响的小企业研发力度更强。

4.4.2 税收政策个别效应研究假设

税收政策通过影响油气企业的研发活动，间接影响企业全要素生产率。创新具有公共物品特征，创新活动带来的私人收益小于社会收益（程曦和蔡秀云，2017）。由于企业研发活动存在市场技术溢出效应，竞争者的模仿降低企业开展研发活动的意愿（冯海红等，2015）。在此情况下，企业研发活动的规模并未达到最优，存在市场失灵现象。政府采用税收优惠政策既可以减少市场失灵对资源配置的影响（戴晨和刘怡，2008），又能缓解企业研发活动的资金压力（Lan et al.，2019；刘放等，2016；水会莉等，2015）。马文聪等（2022）研究发现当企业没有面临融资约束时，研发补贴或税收优惠对企业研发投入有显著促进作用；当企业面临融资约束时，研发补贴或税收优惠的创新促进作用难以有效发挥。但是当两种政策组合使用时，无论企业是否面临融资约束，政策组合均能显著促进企业提高研发投入。因此，促进低碳发展的税收优惠政策对研发活动具有正向作用。在企业层面，开展研发活动促进创新要素和知识要素转化为生产力，以技术专利的形式间接影响产品市场，提高经营效率和产品附加值，在出售高附加值产品时企业能获得更高收益（Xu et al.，2020；戴浩和柳剑平，2018；王维等，2016）。马德林等（2022）研究结果表明税收激励不仅能够促进企业的研发投入，也能提高企业的创新产出。此时，在政府税收政策的调节作用下，研发能力强的企业获得更多税收优惠，资源由低效率生产部门向高效率生产部门转移，进一步提高企业效益。

税收政策分为以增值税为代表的间接税和以所得税为代表的直接税（朱志钢和高梦莹，2013）。间接税征税范围较广，在流转过程中构成价格要素。由于间接税具有可转嫁性，在产品流转过程中，消费者和企业共同承担该税负。以增值税为例，在产品流转过程中，企业需要根据销项税额与进项税额的差值缴纳增值税。当产品流转到末端消费者时，由于不存在销项税额，末端消费者承担增值税的成本（蒋小平和叶子荣，2013）。减少流转税税负可以提高产品销售量，改善企业经营状况并增强盈利能力。直接税以财富和所得为征税对象，可以较好地调节收入分配，促进社会公平（马海涛和段琦，2016）。吴强等（2021）研究结果表明企业的流转税负和所得税负都能影响企业创新研发投入，而企业综合税负对企业创新研发投入活动的影响不显著。流转税负和所得税负都对企业创新研发投入产生显著负面影响，但流转税负的影响大于所得税负影响。减少所得税一方面可以降低企业的资金使用成本，增加企业经营活动现金流量，在资金成本下降的情况下，企业扩大投资支出，开展研发活动，从而增加股东收益（向景等，2017）；另一方面，可以显著地促进了高新技术企业研发投入、新产品产值，以及企业生产率的增长（胡善成等，2022）。

同时，税收作为政府财政收入的核心，企业税收贡献成为政府关注的关键指标。陕西油气企业大多受到政府管制，整体税负较重。政府希望通过税收获得较高的财政收入，但企业管理层考虑到经营业绩，更倾向于实施税收筹划，减少企业税费支出。在委托代理的情况下，政府与管理层之间存在信息不对称，从而促使管理层产生机会主义行为（刘行和李小荣，2012）。此时，税收政策与企业效益的关系可能发生改变。当管理层具有强烈的税收筹划意图时，税收减免可能降低企业盈利能力。

与不受低碳政策影响的企业相比，受低碳政策影响的企业享受额外的税收优惠，例如，节能环保设备抵税 10%，资源综合利用企业增值税优惠。这类企业整体税收负担较轻，经营活动现金流更充足，因而企业有更强的意愿开展研发活动。另外，这类企业税收筹划的意图较弱，这降低税收优惠对企业盈利能力的负面影响，所以这类企业能获得更好的经营业绩。于是提出以下假设：

H2a：由于低碳所得税优惠政策的支持，未受低碳政策影响的小企业相比受低碳政策影响的大企业，所得税费用与企业盈利能力相关性更高。

H2b：由于固定资产规模的不同，未受低碳政策影响的小企业相比受低碳政策影响的大企业税金及附加与资产运营效率相关性更高。

H2c：相比未受低碳政策影响的小企业，受低碳增值税政策影响的大企业增值税与股东收益负相关性更强。

4.4.3 财税政策综合效应研究假设

财政政策与税收政策都可以向市场传递积极信号。获得政府补助或税收优惠的企业更容易吸引投资者，从而拥有大量资金（Lim

et al.，2018)，企业外部融资减少。吴波虹（2021）研究结果表明，财政补贴对企业专利产出、企业研发经费投入及企业研发人员的投入具有促进作用。税收优惠对企业专利产出具有促进作用，但是对研发经费投入和研发人员的投入不具有促进作用。政府的政策支持可以降低研发成本，分担研发风险，促使企业开展研发活动(王彦超等，2019)。因此财政政策和税收政策都能影响企业效益。但是，闫华红等（2019）、杨晓妹和刘文龙（2019）深入比较财政政策与税收政策的作用方式，发现两者存在明显差异。吕开剑等(2020）研究发现政府直接补助和税费返还均对新能源上市公司创新绩效有显著的正向影响；高管团队创新意识在政府补助与研发投入之间存在部分中介效应。企业要想获得政府的研发补助，需要事先申请。规模较大的国有企业信誉良好，具有较强的研发能力。在信息不对称的情况下，政府更倾向于为它们提供补助。政府补助的作用对象明确，一般为特定企业的特定项目提供资金支持。税收政策属于事后补助。在企业研发过程中或者研发结束后，政府将部分收益让渡给企业，企业则使用这部分收益弥补研发成本。税收政策可以减少因研发不确定性造成的资金浪费，提高财政资金的使用效率。税收政策的作用对象广泛，企业可以根据实际情况灵活选择适用的创新政策。

由于政府补贴具有直接性和计划性，加之油气资源重大的战略意义，政府倾向于对陕西油气企业实施财政政策。在政府决定资源配置的情况下，企业为获得高额的政府补贴向官员输送经济利益，产生寻租问题。况且长期高额的补贴使油气企业容易出现依赖心理，减少研发投入，从而削弱财政政策的作用效果（段姝和杨彬，2020)。税收政策通过市场机制发挥作用，政府干预程度较低。税收政策具有长期利好性和客观性。只要油气企业的研发成果符合标准，就可以享受税收优惠，给企业带来持续稳定的经济利益（白旭云等，2019）。柳光强（2016）研究指出税收政策作用于企业的时间延迟明显短于财政政策。当前我国经济更强调市场在资源配置中的决定作用，税收政策更符合市场经济的运行模式。于是提出以下假设：

H3：税收政策对油气企业的经济影响大于财政政策。

4.4.4 企业经营状况调节效应或中介效应的研究假设

财税政策是经济环境的重要组成部分，政策变化对企业决策产生影响，从而改变企业产供销等经营活动。同时，企业经营状况最终决定了企业效益和股东收益。因此，企业经营状况在外部政策与企业效益之间的关系中具有中介效应或调节效应。财政政策与税收政策对企业效益的影响存在差异。政府作为外部主体无法了解企业内部经营状况，而企业经营管理者对企业具有深入细致的了解。因而政府与企业经营管理者之间存在信息不对称（李香菊和祝丹枫，2018）。因此，企业可能利用信息优势，通过外部信息影响政府补助决策（都成祥，2016）。在此过程中，政府补助以外部资金的方式影响企业经营状况，然后通过企业内部子系统的相互作用影响企业盈利能力。因此，企业经营状况在财政政策下产生中介效应。与财政政策相比，政府税收征管过程中产生的信息不对称较少。譬如，增值税的征收对象是产品生产加工过程中的增值额，增值额需要上下游两家企业共同确定。所得税的征收对象是企业经营所得，经营所得的确定需要外部客户出具发票。在此过程中，税款征收直接影响企业内部子系统，作用方式直接（童锦治等，2016）。加之信息不对称较少，税收政策的作用效果更好。因此，企业经营状况在税收政策下具有调节效应。于是提出以下假设：

H4：企业经营状况在财政政策下对企业盈利能力具有中介效应，在税收政策下则具有调节效应。

4.5　研究设计

4.5.1　变量设置

为研究油气企业财税政策的经济效应，可将经济效应分为短期财务获利能力和促进可持续增长的创新能力，因此选择净资产收益率和研发费用作为因变量。净资产收益率反映所有者投资的回报情况，代表油气企业的盈利能力，在多数研究中广泛应用。研发费用反映企业经营能力和行业竞争力。企业开展研发活动提高生产效率，降低生产成本，扩大产品销量的同时增加企业利润（曹阳和易其其，2018；戴浩和柳剑平，2018）。

政府财政政策在企业报表反映的主要是财政拨款、财政贴息、税收返还等，在附注中一般有详细披露，对利润产生直接影响。依据现行税收体系，税收政策主要分为：（1）企业所得税。它是油气企业主要的税费支出，当期所得税费用清楚地反映企业当期应缴纳的所得税。（2）税金及附加。主要是指企业日常经营活动中涉及的城市维护建设税、教育费附加、土地使用税、车船使用税等。

(3) 增值税。其本质属于流转税，油气企业实际承担的增值税是从支付的各种税费中依次扣除非增值税部分计算得出（吴联生，2009）。(4) 资源税。它是油气企业的特殊税种，属于直接税，具有不可忽视的调节作用。同时，在分别考察以上各税种对油气企业效益的影响后，还需要考虑税收政策的整体影响。实际支付税费表示企业在现行税收政策下需要缴纳的税费，体现税收政策对企业的整体作用。最后，由于财政政策和税收政策相互影响，企业受财税政策个别效应影响的同时，还存在综合效应。财政政策一般表现为企业收入，税收政策表现为支出，因此将这两项指标的差值定义为税费补助，即在现行财税政策作用下流入企业的净收入。

控制变量包括：(1) 资产负债率。用其衡量企业资本结构。(2) 企业经营状况。资产周转率和密集度反映企业运营效率。在现行财税政策影响油气企业效益的过程中，企业经营状况具有中介效应或调节效应。需要将自变量与代表企业经营状况的控制变量相乘，建立交互项，当交乘项系数显著时，表明企业经营状况具有调节效应。中介效应通常采用 Sobel 和 Bootstrap 检验，前者的检验统计量需要满足正态分布，后者是从总体中有放回地抽取样本，适用范围更广泛（温忠麟和叶宝娟，2014）。(3) 资产流动性。用其评价企业短期偿债能力和财务安全。(4) 营业收入增长率和上市年限。两者分别代表企业长期发展能力和成熟度（武咸云等，2017）。(5) 为了解现行财税政策对不同类型企业的影响，设置 *lowcarbon* 作为虚拟变量开展对比研究。当油气企业享受表 4 - 1 列示的低碳政策时，变量 *lowcarbon* 取值为 1，否则取值为 0。所有变量定义如表 4 - 3 所示：

表4-3　　模型变量定义

变量类型		变量名称	变量符号	变量含义
自变量	财政政策	政府补助	*GovSub*	政府补助/营业利润
	税收政策	所得税费用	*IncTax*	所得税费用/总资产
		税金及附加	*Surchar*	税金及附加/总资产
		实际缴纳增值税	*VAT*	Ln［支付的各种税费－税金及附加－所得税费用－（应交税费期初值－应交税费期末值）＋（应交增值税费期初值－应交增值税期末值］
		实际支付税费	*TaxPay*	Ln（支付各项税费－收到税费返还）
		资源税	*ResTax*	资源税/总资产
	财税综合政策	税费补助	*Taxsubs*	政府补助－实际支付税费
因变量		研发费用	*RD*	研发费用总额
		净资产收益率	*ROE*	净利润/所有者权益
控制变量	债务规模	资产负债率	*LEV*	总负债/总资产
		产权比率	*EQR*	总负债/所有者权益
	企业经营状况	存货周转率	*AIT*	营业收入/平均存货
		总资产周转率	*TAT*	营业收入/总资产
		固定资产周转率	*FAT*	营业收入/固定资产
		速动资产周转率	*QAT*	营业收入/速动资产
		存货比重	*IVR*	存货净值/总资产
		固定资产比重	*CAP*	固定资产净额/总资产
		营业净利率	*NOR*	净利润/营业收入
		资产收益率	*ROA*	净利润/总资产
		营业利润率	*OPR*	营业利润/营业收入
		经营活动现金流量净额	*CFO*	经营活动现金流量净额/总资产
	流动性	流动比率	*CR*	流动资产/流动负债
		流动资产比重	*LAR*	流动资产/总资产
		流动负债比重	*LDR*	流动负债/总负债

续表

变量类型		变量名称	变量符号	变量含义
控制变量	企业长期发展	营业收入增长率	*RGR*	营业收入增长额/基期营业收入
		上市年限	*listedyear*	公司上市至2021年的年数
	虚拟变量	是否受低碳政策影响	*lowcarbon*	企业受低碳政策影响该值为1，否则为0

4.5.2 模型构建

（1）财政政策个别效应

财政政策对企业的研发活动产生影响，为探究两者之间的关系建立模型（1-1）。政府补助同样影响企业经营状况，据此建立模型(1-2)。同时，固定资产比重能够调节政府补助对企业经营状况的影响，因此构造政府补助与固定资产比重的交乘项，建立模型(1-3)。综合上述三个模型能够基本确定政府补助对油气企业的作用机制。企业经营状况在财政政策与研发活动之间的关系中具有中介效应，为深入研究财政政策的影响机制，建立模型（1-4）。流动资产比重可以调节企业经营状况与研发费用之间的关系，因而加入企业经营状况与流动资产比重的交乘项，建立模型（1-5），详见如下：

$$RD = \alpha_1 GovSub_{i,t} + \sum \alpha_k Controls_{i,t} + \varepsilon_{i,t} \quad (1-1)$$

$$TAT = \beta_1 GovSub_{i,t} + \beta_2 CAP_{i,t} + \varepsilon_{i,t} \quad (1-2)$$

$$TAT = \beta_1 GovSub_{i,t} + \beta_2 CAP_{i,t} + \beta_3 GovSub_{i,t} \times CAP_{i,t} + \varepsilon_{i,t} \quad (1-3)$$

$$RD = \omega_1 AIT_{i,t} + \sum \omega_k Controls_{i,t} + \varepsilon_{i,t} \quad (1-4)$$

$$RD = \omega_1 AIT_{i,t} + \omega_2 AIT_{i,t} \times LAR_{i,t} + \sum \omega_k Controls_{i,t} + \varepsilon_{i,t} \quad (1-5)$$

（2）税收政策个别效应

不同类型税收政策对油气企业产生不同效应。所得税费用和实际缴纳增值税影响企业效益，分别建立模型（2-1）和模型（2-4）。税金及附加由于金额较小，对企业经营状况的影响更为明显，因此建立模型（2-2）。为深入探究税收政策对油气企业的作用机制，需要考虑具体税收政策的中介效应或调节效应。流动负债比重在税金及附加与企业经营状况的关系中具有调节效应，因此设置流动负债比重与税金及附加的交乘项，建立模型（2-3）。在实际支付税费与企业效益的关系中，企业经营状况具有调节效应。因此构造实际支付税费与企业经营状况的交乘项，建立模型（2-6）。这些模型阐明税收政策对油气企业的作用机制，企业经营状况在其中具有调节作用。

$$ROE = \gamma_1 IncTax_{i,t} + \sum \gamma_k Controls_{i,t} + \varepsilon_{i,t} \tag{2-1}$$

$$FAT = \sigma_1 Surchar_{i,t} + \sum \sigma_k Controls_{i,t} + \varepsilon_{i,t} \tag{2-2}$$

$$FAT = \sigma_1 Surchar_{i,t} + \sigma_2 Surchar_{i,t} \times LDR_{i,t} + \sum \sigma_k Controls_{i,t} + \varepsilon_{i,t} \tag{2-3}$$

$$ROE = \chi_1 VAT_{i,t} + \sum \chi_k Controls_{i,t} + \varepsilon_{i,t} \tag{2-4}$$

$$ROE = \phi_1 TaxPay_{i,t} + \sum \phi_k Controls_{i,t} + \varepsilon_{i,t} \tag{2-5}$$

$$ROE = \phi_1 TaxPay_{i,t} + \phi_2 TaxPay_{i,t} \times TAT_{i,t} + \sum \phi_k Controls_{i,t} + \varepsilon_{i,t} \tag{2-6}$$

（3）财税综合政策效应

为深入研究财税综合政策对油气企业的影响，比较财政政策与税收政策作用力度的高低，于是建立模型（3-1）。财政政策和税收政策对企业债务状况的影响截然相反。为明确财税综合政策对油气企业债务状况的影响，需要建立模型（3-2）。两个模型从不同视角反映财税综合政策对油气企业的作用效应。

$$ROE = \eta_1 Taxsubs_{i,t} + \sum \eta_k Controls_{i,t} + \varepsilon_{i,t} \quad (3-1)$$

$$LEV = \lambda_1 Taxsubs_{i,t} + \sum \lambda_k Controls_{i,t} + \varepsilon_{i,t} \quad (3-2)$$

4.6 实证结果与经济解释

4.6.1 财政政策个别效应检验

（1）描述性统计

由表4-4可知，对于受低碳政策影响的企业，政府补助的平均值和标准差均小于未受低碳政策影响的企业。这说明低碳财政政策给企业的支持力度一般不大。进一步，对于固定资产比重，受低碳政策影响的平均值大于未受低碳政策影响，表明减少碳排放需要企业购入专门设备和装置。

表4-4　财政政策变量的描述性统计

变量	受低碳政策 N=43				未受低碳政策 N=137			
	平均值	标准差	最小值	最大值	平均值	标准差	最小值	最大值
GovSub	0.144	0.276	-0.0180	1.570	0.151	0.639	-2.176	3.219
RD	0.00800	0.0150	0	0.0560	0.00700	0.0120	0	0.0560
TAT	0.449	0.266	0.0720	1.103	0.550	0.341	0.0590	1.945

续表

变量	受低碳政策 N = 43				未受低碳政策 N = 137			
	平均值	标准差	最小值	最大值	平均值	标准差	最小值	最大值
CR	2.607	2.136	0.320	9.790	2.339	2.320	0.320	13.48
CFO	0.0360	0.0790	-0.207	0.198	0.0470	0.112	-0.274	0.540
CAP	0.255	0.180	0.0190	0.715	0.253	0.210	0.0050	0.938

根据表 4-5 相关性检验结果，政府补助与研发费用的相关系数为 0.2232，在 1% 的水平上显著正相关。政府补助与总资产周转率的相关系数为 0.165，具有 5% 的显著性水平。这表明财政政策能够影响企业的研发活动，改善企业的经营状况。变量之间多重共线性较低。

表 4-5　　　　　　　财政政策变量的相关性检验

变量	*GovSub*	*RD*	*AIT*	*CR*	*CFO*	*LAR*	*CAP*
GovSub	1						
RD	0.2232 ***	1					
TAT	0.165 **	0.0974	1				
CR	-0.0441	0.2661 ***	-0.1922 ***	1			
CFO	0.0163	0.150 *	0.2111 ***	-0.0497	1		
CAP	-0.0608	-0.0786	0.2207 ***	-0.2179 ***	0.3704 ***	1	1

注：*** $p<0.01$，** $p<0.05$，* $p<0.1$，下同。

（2）回归分析

由表 4-6 可知，在模型（1-1）全样本的回归结果中，政府补助系数为 0.539，具有 1% 的显著性水平。这表明财政政策可以促进企业开展研发活动，从而验证 H1a。在未受低碳政策影响的回归结果中，政府补助的系数为 0.543，大于全样本。这说明现行财政政策更利于这类企业开展研发活动，H1b 成立。但对于受低碳政策影响的企业，财政政策具有较弱的激励效应。其中可能的原因在于，政府低碳补助的金额低于非低碳补助，企业收到的低碳补助相差不多。这使得某些减碳能力较强的企业不能完全得到政府的资金支持，减碳潜力没有得到充分挖掘。另外，提高资产流动性能够提升企业短期偿债能力，改善企业经营状况，具有扩大政府补助的作用效果。

表 4-6　　政府补助与研发费用的回归结果

变量	模型（1-1）：*RD*		
	全样本	受低碳政策	未受低碳政策
GovSub	0.00457***	0.00790	0.00443***
	(2.97)	(0.98)	(2.95)
CR	0.00146***	0.00163	0.00131***
	(3.64)	(1.54)	(3.06)
CFO	0.0219**	0.0497*	0.0149
	(2.11)	(1.80)	(1.36)
常数	0.00218	0.000497	0.00264
	(1.46)	(0.13)	(1.65)
样本量	146	39	107
R^2	0.149	0.182	0.150

注：括号内的数据为 T 值，*** $p<0.01$，** $p<0.05$，* $p<0.1$，下同。

由表 4-7 可知，根据模型（1-2），政府补助的回归系数具有 5% 的显著性水平，表明财政政策能够改善企业经营状况。同时，相比受低碳政策影响的企业，未受低碳政策影响企业的财政补助，可以更显著提高总资产周转率，表明低碳政策对企业经营产生一定的抑制作用。对于油气企业，政府补助不仅是一笔资金，更是对企业运营发展的肯定与支持。政府补助虽然没有直接作用于油气企业销售产品，但是可以通过改善企业经营环境，对此产生间接影响。未受低碳政策影响的企业约束更少。从模型（1－3）可知，政府补助与固定资产的交互项（*GovSub*×*CAP*）显著为负，油气企业固定资产比重越高，越会增强总资产的营运能力。

表4－7　　　政府补助与总资产周转率的回归结果

变量	模型（1－2）：*TAT*			模型（1－3）：*TAT*
	全样本	受低碳政策	未受低碳政策	全样本
GovSub	0.0981** (2.58)	－0.0573 (－0.38)	0.107*** (2.68)	0.136*** (3.28)
CAP	0.448*** (4.22)	0.271 (1.17)	0.482*** (4.03)	0.553*** (4.78)
GovSub×*CAP*				1.044** (2.16)
常数	0.378*** (10.64)	0.388*** (5.08)	0.386*** (9.51)	0.353*** (9.53)
样本量	180	43	137	180
R^2	0.116	0.039	0.142	0.139

（3）财政政策效应的进一步分析

从模型（1－5）可知，流动资产比重在企业经营状况和研发费用的关系中具有调节效应。油气企业的政府补助以货币资金形式补充流动资产。随着资产使用，政府补助从递延收益计入其他收益，从而影响企业经营状况。加快资产周转意味着流动资产比重增加，企业盈利能力更强。企业在获得高额利润的情况下，更倾向于将大量资金投入研发活动，使得研发费用增加。因此，在其他条件不变的前提下，流动资产比重越大，流动资产周转率越低，交乘项（$AIT \times LAR$）系数显著为负，表明流动资产周转率的减低一定程度抑制流动资产比重产生的调节效应。

结合图4－3和表4－8，在政府补助与研发费用的关系中，间接效应（0.0111）和直接效应（0.00340）的系数在5%以上显著为正，表明企业经营状况（总资产周转率代表，*TAT*）具有中 效应，验证了H4。原因在于，现行财政政策对油气企业的经济影响遵循单 机制。油气企业规模不同，使固定资产比重存在差 。政府补助在固定资产比重的影响下，不同程度地改善企业经营状况。存货周转率反 企业经营状况。企业经营状况不同，流动资产比重存在较大差 。在流动资产比重的调节作用下，企业经营状况间接影响研发投入，从而影响减少碳排放的研发费用。

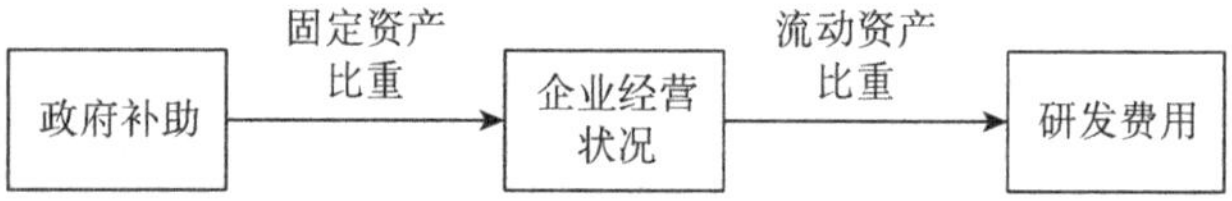

图4－3　财政政策经济影响

表4－8　财政政策调节与中介效应检验结果

LAR 调节效应			*TAT* 中 效应	
变量	模型（1－4）	模型（1－5）	因变量	*RD*
AIT	972195* (1.92)	1204613.3** (2.36)	自变量	*GovSub*
LEV	1.034e+06 (1.10)	215175 (0.21)	间接效应	0.0111** (2.48)
TAT	5.603e+06 (0.17)	1.062e+07 (0.33)	直接效应	0.00340** (2.15)

续表

LAR 调节效应			TAT 中介效应	
变量	模型（1-4）	模型（1-5）	因变量	RD
LAR	1.086e+06* (1.73)	934934 (1.50)		
LDR	-794643 (-1.23)	321787 (0.39)		
OPR	477487 (0.55)	301232 (0.35)		
IVR	-264696005.8** (-2.39)	-329393455.0*** (-2.91)		
listedyear	13205347.1*** (6.32)	13987421.9*** (6.68)		
AIT×LAR		-93656.2** (-2.15)		
常数	-82060666.6*** (-3.07)	-89857810.1*** (-3.38)		
样本量	137	137	样本量	146
R^2	0.305	0.325	间接效应占比	34.4%

4.6.2　税收政策个别效应检验

（1）描述性统计

从表4-9可见，相比未受低碳政策影响的企业，受低碳政策影响的企业所得税费用（*IncTax*）的平均值为前者的77.78%，表明低碳税收优惠的存在，现行低碳税收政策的作用效果主要表现为减免所得税费用。在增值税（*VAT*）和税金及附加（*Surchar*）方面，两类企业差别不大，表明低碳税收支持政策不多，但实际缴纳增值税在实际支付税费中超过一半，说明增值税对油气企业效益影响最大。在实际缴纳税费（支付各项税费 - 收到税费返还，*TaxPay*）方面，受低碳政策影响的企业均值为 7.141，未受低碳政策影响的企业均值为 7.094。

表 4-9　　税收政策变量的描述性统计

变量	受低碳政策 N = 43				未受低碳政策 N = 137			
	平均值	标准差	最小值	最大值	平均值	标准差	最小值	最大值
IncTax	0.00700	0.00900	-0.0170	0.0300	0.00900	0.0100	-0.0430	0.0300
Surchar	0.00400	0.00300	0	0.0120	0.00500	0.00600	0	0.0310
VAT	7.172	0.873	5.059	8.614	7.268	0.787	5.059	9.429
TaxPay	7.141	0.949	4.612	8.930	7.094	0.899	4.612	9.576
LEV	17.18	16.28	0.168	45.52	23.90	22.67	0.0680	74.73
LDR	54.29	42.53	0.784	100	54.86	44.79	0.442	100
ROA	6.162	7.271	-10.30	26.24	5.628	7.248	-10.30	28.86
NOR	15.12	21.30	-57.94	60.21	9.093	13.20	-57.94	60.21

（2）所得税费用

由表 4-10 可知，根据相关性检验的结果，所得税费用与净资产收益率的相关系数为 0.5191，在 1% 的显著性水平上相关。多数控制变量之间相关性较弱，回归结果出现多重共线性的概率较小。

表4-10　　所得税费用相关性检验

变量	*ROE*	*IncTax*	*NOR*	*AIT*	*CR*	*LAR*	*LDR*
ROE	1						
IncTax	0.5191***	1					
NOR	0.8204***	0.4083***	1				
AIT	0.0636	0.0196	0.143*	1			
CR	0.0849	0.0504	0.164**	-0.2416***	1		
LAR	0.5815***	0.4422***	0.4417***	-0.192**	0.134*	1	
LDR	0.6444***	0.4710***	0.5686***	0.00980	-0.0202	0.8320***	1

由表4-11可知，所得税费用在全样本的回归结果中系数为正，表明所得税费用与油气企业的盈利能力正相关，企业盈利能力越强，所得税费用越高。对于未受低碳影响的企业，企业所得税费用（*IncTax*）系数均显著为正，表明未受低碳政策影响的企业二者的相关性更高，验证了H2a。

表4-11　　所得税费用的回归结果

变量	模型（2-1）：*ROE*		
	全样本	受低碳政策	未受低碳政策
IncTax	120.2*** (2.73)	128 (1.61)	93.37* (1.97)
NOR	0.423*** (11.33)	0.311*** (5.33)	0.469*** (11.43)
AIT	-0.000869 (-0.05)	-0.00898 (-0.44)	0.00191 (0.11)

续表

变量	模型（2－1）：*ROE*		
	全样本	受低碳政策	未受低碳政策
CR	－0.106 （－0.57）	－0.587 （－1.48）	－0.0889 （－0.46）
LAR	0.0489 ** （2.21）	0.0438 （1.57）	0.0592 ** （2.43）
LDR	0.00844 （0.49）	－0.00170 （－0.07）	0.00571 （0.30）
常数	－0.0803 （－0.10）	0.755 （0.74）	－0.0833 （－0.09）
样本量	153	23	130
R^2	0.748	0.916	0.768

（3）税金及附加和资源税

根据表4－12，自变量与因变量的相关系数为0.2173，在1%的水平上显著相关。税金及附加与企业经营状况正相关。控制变量与因变量、控制变量之间的相关系数均在0.59以下，模型存在多重共线性的可能性较低。表4－13对各变量进行共线性检验，解释变量和控制变量的方差膨胀因子VIF检验结果均小于10，平均值为1.130。当VIF≥10时，表明模型的自变量与控制变量之间存在严重的多重共线性；VIF值越接近于1，表明变量之间多重共线性越弱。根据检验结果，各变量的方差膨胀因子均满足0＜VIF＜10，因此可以判定解释变量与控制变量之间不存在多重共线性。

表 4-12　　税金及附加相关性检验表

变量	*FAT*	*Surchar*	*LEV*	*EQR*	*ROA*	*LDR*	*Listedyear*	*NOR*
FAT	1							
Surchar	0.2173***	1						
LEV	-0.0952	-0.0772	1					
EQR	0.5502***	0.0233	0.00130	1				
ROA	-0.0782	0.00480	0.3371***	-0.3391***	1			
LDR	-0.0878	-0.0303	0.8060***	-0.2277***	0.6639***	1		
listedyear	0.3210***	0.0792	-0.4614***	0.3782***	-0.4778***	-0.5908***	1	
NOR	-0.106	-0.0607	0.2559***	-0.3143***	0.8857***	0.5892***	-0.3744***	1

鉴于油气行业的特殊性，需要关注资源税对企业经营状况的影响。征收资源税减少企业利润（牟彤华和杜放，2010）。资源税改革后，企业税收负担有所增加（曾先峰等，2016；邵珠琼和张中祥，2018）。为保持原有利润水平，油气企业大规模地减少生产活动，使资产数量大幅度下降。与资产数量下降幅度相比，营业收入规模下降不大，使资源税与资产周转率的相关系数为正。以上分析表明，资源税导致油气企业盈利能力下降，但通过调整经营策略，营运能力有所提升。

表 4－13　　资源税共线性检验

Variable	VIF	1/VIF
AIT	1.200	0.833
FAT	1.150	0.867
CFO	1.040	0.958
Mean	VIF	1.130

由表 4－14 可知，全样本中，税金及附加与固定资产周转率显著正相关，税金及附加越高，资产的周转和运营效率越好，单位产品固定成本越低，企业收益越好。从分组检验情况来看，未受低碳政策影响的企业相比受低碳政策影响的企业，系数更显著。原因在于，当前低碳政策主要作用于规模较大的油气企业，营业成本总额相对较高，使税金及附加所占比例相对较低，减少固定资产周转率的影响。相应地，税金及附加在未受低碳政策的小企业成本中占比相对较高，因此影响较大，整体验证 H2b。进一步地，流动负债比重在税金及附加与企业经营状况的关系中具有调节效应，交互项（$Surchar \times LDR$）在 1% 水平显著为正，表明调节效应的存在。

表 4－14　　税金及附加的回归结果

变量	模型（2－2）：*FAT*			模型（2－3）：*FAT*
	全样本	受低碳政策	未受低碳政策	全样本
Surchar	257.3*** (2.68)	105 (0.41)	174* (1.67)	398.9*** (3.06)
LEV	－0.140*** (－2.92)	0.116* (1.77)	－0.224*** (－3.89)	－0.127*** (－2.61)
EQR	3.117*** (8.42)	0.163 (0.38)	3.908*** (8.90)	3.135*** (8.51)
ROA	0.242 (1.46)	0.799*** (3.53)	0.204 (0.91)	0.228 (1.31)
LDR	0.0745*** (2.68)	－0.0616** (－2.14)	0.111*** (3.22)	0.0752*** (2.70)
listedyear	0.339*** (2.64)	0.322** (2.63)	0.311* (1.97)	0.382*** (2.94)
NOR	－0.0804 (－1.21)	－0.202*** (－2.92)	－0.0890 (－0.67)	－0.0770 (－1.00)
Surchar × *LDR*				4.386* (1.68)
常数	－3.030** (－2.12)	0.608 (0.37)	－2.634 (－1.53)	－4.120*** (－2.64)
样本量	170	40	129	170
R^2	0.419	0.267	0.508	0.431

（4）实际缴纳增值税与实际支付税费

根据表 4－15，从相关性结果来看，实际支付税费与净资产收益率在1%的水平上显著负相关，表明税收负担影响企业经营效益。实际缴纳增值税与实际支付税费的相关系数为0.8193，在1%的水平上显著，表明增值税仍然是油气企业的主要税种。

表4-15　　实际缴纳增值税和实际支付税费的相关性检验

变量	*VAT*	*TaxPay*	*ROE*	*CR*	*IVR*	*CFO*
VAT	1					
TaxPay	0.8193***	1				
ROE	-0.5403***	-0.3264***	1			
CR	-0.4099***	-0.2773***	0.0731	1		
IVR	-0.00600	-0.0676	0.00850	-0.0318	1	
CFO	-0.0124	-0.0550	0.2044***	-0.0700	-0.2301***	1

由表4-16可知，在模型（2-4）的全样本回归结果中，实际缴纳增值税（*VAT*）与净资产收益率（*ROE*）在5%水平显著负相关；在分组检验中，受低碳政策影响的*VAT*在1%水平显著负相关，相比之下，未受低碳政策影响的*VAT*系数较小。相比未受低碳政策影响的大企业，受低碳增值税政策影响的小企业增值税税负成本占比更高，与股东收益负相关性更强。这说明，除与其他企业享受相同的非低碳税收政策外，这类企业额外获得低碳政策减免的增值税较高，减免额度提高了企业盈利能力，验证H2c。在模型（2-5）中，全样本实际支付税费（*TaxPay*）系数为2.245，未受低碳政策影响的企业*TaxPay*系数为2.539，两者均具有1%的显著性水平。这表明现行的低碳税收政策对油气企业的影响有限，政策作用效果存在提升空间。

表 4-16　　实际缴纳增值税与实际支付税费的回归结果

变量	模型(2-4)			模型(2-5)			模型(2-6)
	全样本	受低碳政策	未受低碳政策	全样本	受低碳政策	未受低碳政策	全样本
VAT	-1.486 ** (-2.39)	-3.095 *** (-3.38)	-1.203 ** (-2.04)				
TaxPay				2.245 ** (2.42)	-0.719 (-0.13)	2.539 ** (2.55)	3.261 *** (3.57)
CR	-0.248 (-1.50)	-0.248 (-2.17)	-0.297 * (-1.81)	0.972 *** (3.03)	1.460 (0.91)	0.921 *** (2.71)	1.015 *** (3.33)
LEV				-0.0129 (-0.25)	0.117 (0.61)	-0.0350 (-0.62)	0.0118 (0.24)
IVR	6.273 * (1.70)	-6.937 (-1.02)	4.513 (1.25)				
CFO	6.195 * (1.67)	-0.351 (-0.08)	6.083 * (1.67)				
AIT				0.00926 (0.37)	0.0235 (0.29)	-0.00526 (-0.18)	0.0188 (0.79)
IVR				-2.523 (-0.67)	-4.555 (-0.32)	-2.232 (-0.54)	-2.119 (-0.59)
CFO				4.382 (0.75)	7.544 (0.39)	3.851 (0.59)	3.384 (0.61)
NOR	0.467 *** (10.62)	0.201 *** (4.40)	0.628 *** (13.13)				
TAT				3.773 * (1.90)	5.531 (0.87)	3.209 (1.40)	3 (1.58)
LDR				0.165 *** (6.99)	0.0570 (0.52)	0.181 *** (6.83)	0.154 *** (6.83)

续表

变量	模型(2-4)			模型(2-5)			模型(2-6)
	全样本	受低碳政策	未受低碳政策	全样本	受低碳政策	未受低碳政策	全样本
FAT	0.0594 (1.53)	0.226 (1.42)	0.0491 (1.39)				
TaxPay × *TAT*							-7.035*** (-4.20)
常数	11.86** (2.46)	25.18** (3.53)	9.572** (2.09)	-21.72*** (-2.86)	0.482 (0.01)	-23.27*** (-2.88)	-28.40*** (-3.84)
样本量	103	21	82	163	34	129	163
R^2	0.699	0.917	0.789	0.463	0.386	0.486	0.519

（5）税收政策效应的进一步分析

企业经营状况在税收政策与企业效益的关系中具有调节效应。根据模型（2-3），税金及附加通过流动负债比重调节企业经营状况。缴纳税金及附加列示的税项需要通过应交税费核算。该科目金额波动影响流动负债大小，致使流动负债比重随之变化。流动负债影响营运资本，营运资本数量直接关系到企业经营状况。因此流动负债比重具有负向调节效应，但作用效果不明显。在现行税收政策中，增值税和所得税作用效果明显。根据模型（2-6），在企业经营状况的调节作用下，实际支付税费与油气企业效益正相关，但税收政策增加企业短期负债，降低企业资产周转率，使交乘项系数（*TaxPay* × *TAT*）在1%水平显著为负（-7.035），因此在实际支付税费（*TaxPay*）与企业效益（*ROE*）的关系中，企业经营状况（*TAT*）具有负向调节效应，验证H4。

综上所述，现行税收政策由于征税环节的不同，对油气企业产生正负两方面的经济影响（见图4－4），所得税与企业收益正相关，而税金及附加与企业收益负相关。进一步地，征收企业所得税和增值税增加企业负债，税金及附加改变负债流动性，影响企业经营状况，而改善企业经营状况可以提高盈利能力。因此，现行税收政策通过调节企业经营状况，如总资产周转率影响企业盈利能力。从影响的力度上，由于企业所得税和增值税占油气企业整体税收负担的90%以上，具有直接作用效果，而其余税收项目对油气企业效益影响较小，作用方式比较间接。

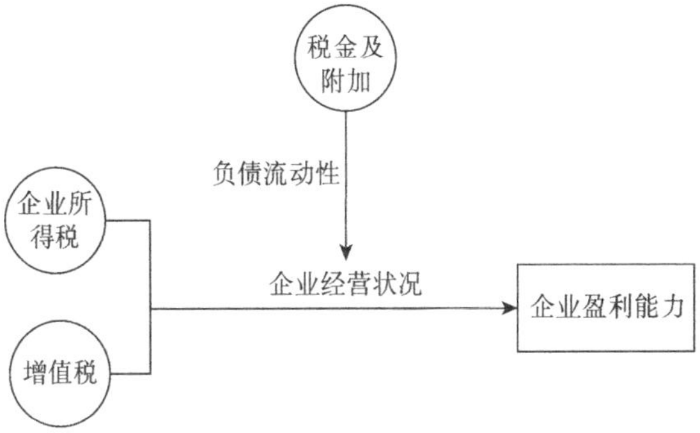

图4－4　税收政策经济影响

4.6.3　财税综合政策经济效应检验

（1）描述性统计

从表4－17可见，对于受低碳政策影响的油气企业，税费补助的平均值和标准差较大。这类企业因低碳政策享受额外的税收优惠，减少企业的资金流出。其余大多数变量的平均值同样小于未受低碳政策影响的企业。这反映出受低碳政策影响的企业因低碳减排投入大量资金，使债务水平更高，财务风险更大。

表 4－17　　　　财税综合政策变量的描述性统计

变量	受低碳政策 N＝43				未受低碳政策 N＝137			
	平均值	标准差	最小值	最大值	平均值	标准差	最小值	最大值
Taxsubs	－0.605	1.945	－11.81	3.958	－0.484	1.666	－11.81	3.958
ROE	7.152	8.882	－19.08	26.98	7.247	9.295	－19.08	35.41
LEV	17.18	16.28	0.168	45.52	23.90	22.67	0.0680	74.73
LDR	54.29	42.53	0.784	100	54.86	44.79	0.442	100
IVR	0.109	0.123	0	0.396	0.122	0.191	0	1.333
listedyear	5.674	4.873	0	19	5.699	5.140	0	21

从表 4－18 可见，税费补助与净资产收益率的相关系数为 0.161，与资产负债率的相关系数为 0.2127，分别具有 5% 和 1% 的显著性水平，这表明税费补助能够影响企业效益和债务水平。各控制变量，控制变量与因变量之间的相关系数多在 0.5 以下，不存在多重共线性。

表 4－18　　　　财税综合政策变量的相关性检验

变量	*Taxsubs*	*ROE*	*LEV*	*LDR*	*IVR*	*listedyear*
Taxsubs	1					
ROE	0.161**	1				
LEV	0.2127***	0.3874***	1			
LDR	0.2622***	0.6287***	0.7775***	1		
IVR	0.0904	0.0233	0.2342***	0.0906	1	
listedyear	－0.4535***	－0.3887***	－0.4721***	－0.5865***	0.0218	1

(2) 回归分析

由表4－19可知，在模型（3－1）全样本的回归结果中，税费补助（*Taxsubs*）的系数为－4.50e－09，在1%的水平显著，表明企业在政府补贴、税费支出方面，税费支出是主要方面。财政补助对企业带来现金流入的正向效应不足以弥补税费支出产生的现金流出的负向效应，财税政策的综合效应呈现为成本效应。进一步地，对于未受低碳政策影响的企业，自变量与因变量的负相关程度更明显。原因在于，这类企业规模小，没有获得因低碳政策发放的政府补助，也没有额外享受低碳政策的税收优惠，税费支出效应更为明显。在分组检验中，未受低碳政策影响组 *Taxsubs* 系数在1%水平显著为负，而受低碳政策影响组系数的不显著。综上所述，验证了H3。

表4－19　　　　财税综合政策的回归结果

变量	模型（3－1）：*ROE*			模型（3－2）：*LEV*		
	全样本	受低碳政策	未受低碳政策	全样本	受低碳政策	未受低碳政策
Taxsubs	－4.50e－09***	－5.40e－10	－6.85e－09***	－8.61e－09***	－2.31e－09	－1.09e－08***
	(－2.82)	(－0.06)	(－3.80)	(－2.73)	(－0.19)	(－3.11)
LDR	0.107***	0.106**	0.113***	0.450***	0.665***	0.411***
	(7.32)	(2.74)	(6.73)	(10.52)	(6.10)	(8.43)
IVR	－2.578	－10.83	－1.295	25.67***	68.80***	24.08***
	(－0.90)	(－1.00)	(－0.43)	(4.52)	(4.37)	(3.89)
listedyear	－0.0676	0.0327	－0.0812	－0.464**	－0.948**	－0.573
	(－0.50)	(0.12)	(－0.52)	(－1.98)	(－2.37)	(－1.95)

续表

变量	模型（3－1）：*ROE*			模型（3－2）：*LEV*		
	全样本	受低碳政策	未受低碳政策	全样本	受低碳政策	未受低碳政策
EQR	－2.001*** （－4.52）	－0.835 （－0.83）	－2.855*** （－5.25）			
CAP	－3.244 （－1.25）	－8.179 （－1.08）	－2.064 （－0.73）			
RGR	0.0735*** （4.91）	0.0877* （1.97）	0.0738*** （4.62）			
TAT				－12.80*** （－4.09）	－7.035 （－0.96）	－16.00*** （－4.37）
LAR				0.162*** （2.94）	－0.245** （－2.25）	0.233*** （3.51）
OPR				－0.455*** （－7.17）	－0.432*** （－3.14）	－0.432*** （－5.29）
FAT				－0.360** （－2.60）	0.493 （0.98）	－0.458** （－3.04）
常数	3.459* （1.94）	4.416 （0.94）	3.261 （1.60）	10.04*** （3.49）	3.986 （0.83）	12.38*** （3.56）
样本量	180	43	137	180	43	137
R^2	0.503	0.504	0.534	0.719	0.77	0.733

根据模型（3－2），税费补助全样本的回归系数为－8.61e－09，表明增加政府补贴、减少税费降低企业资产负债率，改善企业债务状况，财务风险更低。一方面，政府补贴能够产生现金流入，油气企业可能使用该项资金偿还债务；另一方面，税费减少直接影响应交税费金额，从而减少企业债务规模。因此现行财税政策对企业债务状况产生良好影响。

（3）财税政策综合效应的进一步分析

研发活动在财政政策与企业效益之间具有中介效应（戴浩和柳剑平，2018；王薇和艾华，2018；王维等，2016），据此可以综合考虑财政政策和税收政策的作用机制（见图 4－5）。现行财政和税收政策对企业盈利能力产生不同影响。现行财政政策通过改善企业经营状况，促使企业开展研发活动，从而提高企业盈利能力。但现行税收政策在企业经营状况的调节作用下对盈利能力产生抑制作用。原因在于，财政政策向企业提供一笔额外资金，减少偿债压力。税收政策要求企业缴纳款项，增加债务负担。负债不同使企业经营状况存在差异，进而对企业盈利能力产生不同影响。从整体来看，现行财税政策对陕西油气企业效益影响不佳。企业经营状况在财政政策下对企业盈利能力具有中介效应，在税收政策下则具有调节效应，从而支持 H4。

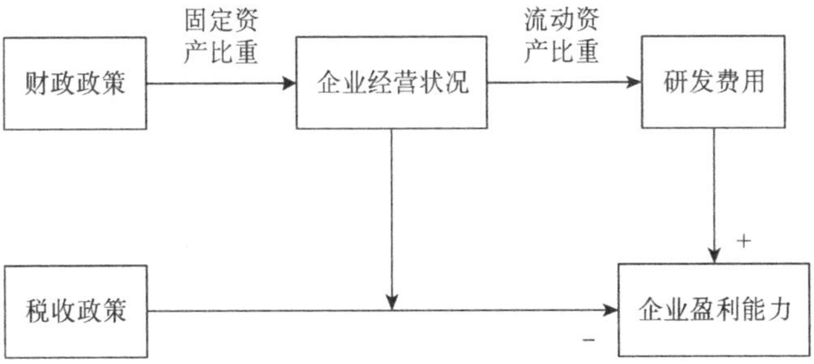

图 4－5　财税综合政策经济影响

4.6.4　稳健性检验

政府补助和实际缴纳税费反映企业受到财税政策的影响，不能完全代表现行财税政策的作用效果。在实施低碳补助或税收优惠时，政府可能考虑油气企业盈利能力和经营状况，据此决定享受低碳政策的企业。因此模型存在变量测度不准和双向因果的问题，需要采用两阶段最小二乘法，选择工具变量进行稳健性检验。工具变量主要选择反映企业债务规模、经营状况和流动性的相关变量。现行财税政策可以影响这些变量，但这些变量与扰动项不相关。根据稳健性检验结果，多数工具变量能得到识别。Hausman 检验的结果满足工具变量法的使用前提，即存在内生解释变量（见表 4－20）。

表 4－20　　稳健性检验结果

项目	模型（1－1）	模型（1－2）	模型（2－1）	模型（2－2）
工具变量	*LEV*，*CAP*，*LDR*	*LEV*，*CR*，*LDR*	*LEV*，*ROA*	*ROE*，*AIT*
识别不足检验	28.247***	30.014***	21.791***	11.575***
弱工具变量检验	52.950 40.918	48.989 34.345	32.032 20.062	222.617 184.862
过度识别检验	2.041 (p＝0.3604)	0.0168 (p＝0.9916)	18.27 (p＝0.000)	0.788 (p＝0.3748)
Hausman 检验	7.27***	5.20**	27.31***	3.53
项目	模型（2－4）	模型（2－5）	模型（3－1）	模型（3－2）
工具变量	*AIT*，*LEV*	*LAR*，*CAP*	*ROA*，*AIT*	*CAP*，*AIT*
识别不足检验	25.624***	8.195**	13.283***	23.070***
弱工具变量检验	95.112 105.047	161.781 56.068	237.166 58.911	19.451 24.350
过度识别检验	0.196 (p＝0.6583)	0.328 (p＝0.5671)	130.741 (p＝0.000)	0.113 (p＝0.7367)
Hausman 检验	17.21***	7.00***	－4.28	24.06***

注：识别不足运用 Kleibergen－Paap rk 统计量，弱识别检验从上至下依次使用 Cragg－Donald 和 Kleibergen－Paap rk 的 F 检验，过度识别采用 Sargan 检验，Hausman 检验采用 chi2 统计量。

为验证模型稳健性，改变各变量处理方式，模型（2－2）、模型（2－4）中解释变量采用数据总额，模型（1－2）、模型（2－1）中对解释变量取对数，模型（2－5）用实际支付税费与营业利润相除的方法衡量解释变量，模型（1－1）、模型（3－1）和模型（3－2）用税费补助与总资产相除的方法衡量解释变量。在新方法下，绝大多数变量显著，说明本研究建立的所有模型稳定可靠。具体过程见表4－21、表4－22。

（1）稳健性检验一——改变数据处理方法

表4－21　　税收政策稳健性检验结果

变量	模型（2－1）	模型（2－2）	模型（2－4）	模型（2－5）
	ROE	*FAT*	*ROE*	*ROE*
IncTax	2.147*** (3.67)			
Surchar		0.000000112*** (10.57)		
VAT			−2.36e−09* (−1.69)	
TaxPay				0.106 (0.34)
LEV		−0.0561 (−1.45)		−0.0533 (−1.08)
TAT				4.101** (2.06)
ROA		0.101 (0.77)		
LDR	0.0367* (1.97)	0.0583*** (2.67)		0.152*** (6.39)

续表

变量	模型（2-1）	模型（2-2）	模型（2-4）	模型（2-5）
	ROE	*FAT*	*ROE*	*ROE*
listedyear		0.00153 (0.01)		
CFO			4.867 (1.43)	
NOR	0.457*** (9.58)	-0.0690 (-1.33)	0.526*** (15.33)	
AIT	-0.00758 (-0.47)			0.0124 (0.48)
CR	0.116 (0.57)		-0.127 (-0.97)	0.635** (2.15)
LAR	0.0516** (2.32)			
FAT			0.0941* (1.74)	
EQR		0.528 (1.38)		
IVR			5.023 (1.54)	-2.443 (-0.63)
CFO				3.614 (0.60)
常数	-15.82*** (-3.54)	0.596 (0.53)	0.485 (0.70)	-3.549** (-2.18)
样本量	149	170	117	166
R^2	0.746	0.641	0.704	0.44

表4-22　　财政政策与财税综合政策稳健性检验结果

变量	模型（1-1）	模型（1-2）	模型（3-1）	模型（3-2）
	RD	*TAT*	*ROE*	*LEV*
GovSub	0.681*** (5.25)	0.0273 (0.92)		
Taxsubs			-58.32** (-2.12)	54.92 (1.06)
LDR			0.103*** (6.89)	0.442*** (10.13)
EQR			-1.230*** (-3.42)	
IVR			-3.208 (-1.11)	21.44*** (3.71)
listedyear			0.0645 (0.49)	-0.305 (-1.33)
FAT				-0.102 (-0.99)
CFO	0.0170* (1.73)			
CR	0.000589 (1.44)			
LAR				0.132** (2.40)
CAP		0.399*** (3.67)	-3.132 (-1.20)	
TAT				-9.529*** (-2.91)
OPR				-0.403*** (-6.48)

续表

变量	模型（1-1）	模型（1-2）	模型（3-1）	模型（3-2）
	RD	*TAT*	*ROE*	*LEV*
RGR			0.0741*** (4.89)	
常数	0.00186 (1.33)	0.208 (1.11)	1.445 (0.79)	8.933*** (3.07)
样本量	146	137	180	180
R^2	0.243	0.105	0.494	0.709

财政政策在实施一定年限以后产生明显的作用效果。企业税费大多在当年缴清，税收政策对油气企业效益的影响不具有滞后性。因此对于财政政策，本研究选择滞后一期的政府补助数据进行回归；对于税收政策和财税综合政策，则采用总资产收益率（*ROA*）、总资产周转率（*TAT*）、速动资产周转率（*QAT*）替代之前模型中的因变量。改变数据和变量之后，自变量和大多数控制变量显著，同样说明所有模型具有稳健性，见表4-23、表4-24。

（2）稳健性检验二——滞后一期数据和替代变量

表4-23　　税收政策稳健性检验结果

变量	模型（2-1）	模型（2-2）	模型（2-4）	模型（2-5）
	ROA	*TAT*	*ROA*	*QAT*
IncTax	56.24* (1.84)			
Surchar		31.99*** (8.53)		
VAT			-0.753* (-1.74)	

续表

变量	模型（2－1）	模型（2－2）	模型（2－4）	模型（2－5）
	ROA	*TAT*	*ROA*	*QAT*
TaxPay				0.328*** (2.72)
LEV		0.00148 (0.79)		0.0144** (2.18)
TAT				1.054*** (4.08)
ROA		0.0236*** (3.64)		
LDR	0.00770 (0.63)	－0.00173 (－1.60)		－0.00555* (－1.81)
listedyear		0.00362 (0.72)		
CFO			0.953 (0.37)	0.797 (1.04)
NOR	0.330*** (12.64)	－0.00529** (－2.03)	0.408*** (13.33)	
AIT	0.0160 (1.43)			0.0110*** (3.40)
CR	0.194 (1.50)		－0.0158 (－0.14)	－0.120*** (－2.88)
EQR		0.0135 (0.94)		
FAT			0.0324 (1.20)	
LAR	0.0456*** (2.94)			－1.036** (－2.12)

续表

变量	模型（2-1）	模型（2-2）	模型（2-4）	模型（2-5）
	ROA	*TAT*	*ROA*	*QAT*
IVR			2.025 (0.79)	
常数	-0.992* (-1.76)	0.342*** (6.13)	5.973* (1.78)	-1.347 (-1.36)
样本量	153	170	103	163
R^2	0.793	0.377	0.77	0.449

表 4-24　　财政政策与财税综合政策稳健性检验结果

变量	模型（1-1）	模型（1-2）	模型（3-1）	模型（3-2）
	RD	*TAT*	*ROA*	*EQR*
GovSub	0.00341** (1.99)	0.0939*** (2.73)		
Taxsubs			-6.06e-10 (-0.48)	-9.08e-09*** (-2.92)
LDR			0.159*** (11.44)	0.444*** (10.34)
EQR			0.114 (0.26)	
TAT				-11.53*** (-3.23)
OPR				-0.463*** (-7.43)
FAT				-0.481*** (-3.21)
IVR			13.18 (1.45)	24.72*** (3.85)

续表

变量	模型（1-1）	模型（1-2）	模型（3-1）	模型（3-2）
	RD	*TAT*	*ROA*	*EQR*
listedyear			-0.166 (-1.19)	-0.228 (-0.91)
CFO	0.0180* (1.70)			
CR	0.00189*** (4.27)			
LAR				0.220*** (3.92)
CAP		0.423*** (4.40)	2.509 (1.07)	1.779*** (2.977)
RGR			0.0764*** (3.55)	
常数	0.00142 (0.90)	0.345*** (11.00)	-0.176 (-0.11)	8.452*** (2.83)
样本量	136	158	81	158
R^2	0.199	0.183	0.812	0.759

综上所述，研究得出以下结论：（1）财政政策对未受低碳政策影响的小企业具有良好的经济效应；（2）所得税政策对未受低碳政策影响的小企业产生良好的经济影响，增值税政策对受低碳政策影响的大企业产生良好的经济影响；（3）税收政策对油气企业的经济影响大于财政政策；（4）企业经营状况在财政政策中表现为中介效应，在税收政策中则表现为调节效应。

第5章 陕西油气产业低碳发展的财税政策建议和选择

5.1 油气产业低碳发展的问题

5.1.1 油气量供给与需求呈现“双高”，环境污染问题突出

陕西省矿产资源丰富，煤炭、石油、天然气等多种资源均列全国前茅，是国家重要的能源接续地和能源输出大省之一。截至2019年底，全省含煤面积5.7万平方公里，全省预测煤炭资源量3800亿吨，居全国第四位；累计探明储量1700亿吨，居全国第三位。全省石油资源区域面积8万平方公里，石油预测资源总量约40亿吨，累计探明地质储量19亿吨，居全国第五位；累计探明技术可采储量3.25亿吨，居全国第六位。全省天然气预测资源量11.7万亿立方米，累计探明地质储量1.2万亿立方米，居全国第三位。2022年能源生产总量60413.84万吨标准煤，其中原煤产量

51652. 8 万吨标准煤，原油总产量 3623. 81 万吨标准煤，天然气总产量 3687. 37 万吨标准煤。2022 年规模以上能源工业增加值同比增长 2. 22%。其中，煤炭开采和洗选业增长 2. 76%，石油和天然气开采业增长 14. 29%。作为能源产量大省，能源行业低碳发展更是需要从源头把控。

据国家发展改革委《关于开展低碳省区和低碳城市试点工作的通知》（发改气候〔2010〕1587 号），陕西省 2012 被列为国家低碳试点省。其目的是促进陕西省能源利用效率，减少温室气体排放，核心是促进陕西省通过技术创新、制度创新、产业转型，促进陕西省经济发展方式的根本转变。为建设低碳城市，陕西省人民政府办公厅关于印发省低碳试点工作实施方案的通知提出发展目标是，到 2020 年单位生产总值能耗比 2015 年降低 13%，单位生产总值二氧化碳排放比 2015 年降低 15%，努力实现全省单位生产总值二氧化碳排放在 2005 年基础上降低 45% 左右的目标，转变经济发展模式，基本形成以低碳排放为特征的产业体系，低碳生活方式和消费模式基本普及，低碳社会初具雏形。而陕西省在 2022 年原煤消费量达到 12057. 32 万吨标准煤，原油消费量达到 716. 33 万吨标准煤，天然气消费量达到 1875. 78 万吨标准煤，能源消耗量仍居高不下。

5. 1. 2　油气产业受清洁能源替代挤压，快速转型压力大

随着我国油气资源开发力度增大，资源不断减少，同时我国油气资源对外依存度突破 70% 且不断走高，但能源需求只增不减，对于清洁能源的需求强烈。目前，国家对于水力发电、风力发电、

太阳能、生物能、海潮能等可再生能源的投入力度巨大，清洁能源的开发利用对油气产业的发展造成一定挤压。据国家统计局数据显示，新能源产业能源总量难以承担国家能源供给的大任，近十年来平均产能总量仅占国家能源产出总量的13%左右。发展新能源产业是我国走可持续发展之路的能源发展方向，但在2019年国际能源论坛的秘书长孙贤胜提出，国际能源署（IEA）、国际能源论坛（IEF）和欧佩克（OPEC）达成共识：但现阶段新能源产业尚不能取代油气产业的战略地位。

受有效提升和新能源替代的影响，全球化石能源消费需求到2050年才会有比较大的下降。我国新能源产业起步较晚，还处于产业生命周期的低水平阶段，尚未形成商业化规模生产与消费，勉强利用可能会适得其反，造成能源成本加重，环境污染加重等不良后果。作为油气行业，石油排放强度要明显低于煤炭的碳排放量，并且在我国开发储运炼化销售等环节已经相当成熟，尤其是天然气被称为“绿色能源”，因此提高石油工业的低碳发展是大势所趋。若不能利用油气产业的发展机会，帮助并激励油气行业低碳转型发展，一味将重心放在新能源产业的发展上，如同杯水车薪，不仅难以满足我国能源消费的需求，而且更有舍本逐末之嫌。陕西省作为油气资源大省，应该抓住产业转型的这个机会，帮助油气行业渡过低碳发展的转型期，加快油气行业的低碳发展。

5.1.3 油气产业低碳技术研发成本高，快速普及有困难

陕西省自列为低碳试点城市以来，从可统计到的数据来看（见图5-1），2015—2022年全省废气排放总量未发生剧烈变动，

废气排放量年均20718.72亿立方米。但二氧化硫排放量和氮氧化物排放量却在逐年降低，均在2022年降至最低分别为46177.4吨和92737.77吨。究其原因在于，陕西省在不断购进新的废气治理设备，2022年废气治理设施数量达到6034套，年废气治理设施处理能力量达到81685.7万立方米/时。空气日报优良率也在逐年上升，在78%左右浮动。当然，陕西省仍面临着调整能源结构，强化节能降耗，实现能源结构由一次能源为主向一二次能源并举的转变。为了实现碳减排目标，要加快技术创新，增强低碳发展技术支撑能力，在煤气联合循环发电技术、能源清洁利用技术及碳捕捉、封存和转化利用技术研究等方面实现突破。

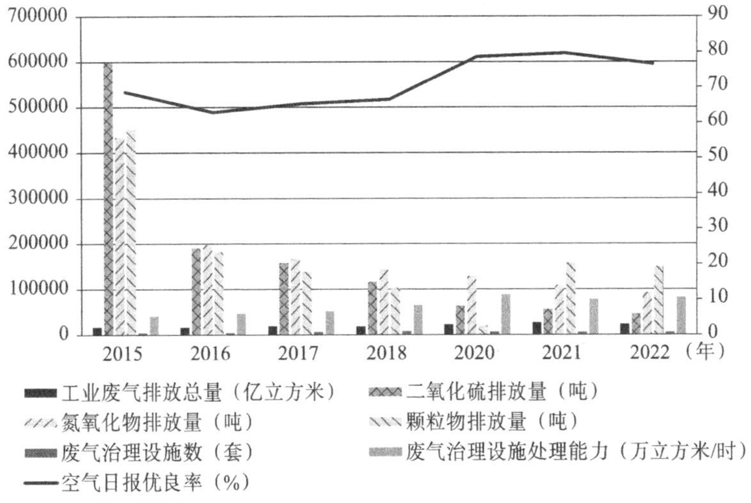

图5-1　陕西省2015—2022年废气排放及处理情况

数据来源：陕西统计局统计年鉴。

近年来，低碳经济的发展也为新能源产业带来了契机，新能源因其独有的可再生性和低碳环保受到全面青睐，从资金、政策、市场等方面对油气市场形成冲击。政府不仅通过政策支持新能源的投资，而且通过大量的财税优惠补贴政策支持新能源产业的发展，不仅降低了新能源产业的发展成本，提高了新能源产品的竞争力，并且随着新能源产业的发展，其开发成本只会随着技术水平的提高逐渐降低。而油气产业生产企业不同于一般企业的生产建设，是寻找地下或海上油气资源并进行勘探、开发、开采而进行的循环性生产过程。在证明油气资源有开采价值之后，组织钻井、油田建设、铺设集输管线、建设联合站，以及水、电、讯、路等配套设施，这些工程的建设量大，周期长。而油气产业的清洁技术设施昂贵，企业负担重，没有先进的技术支持，研发的成本高昂。因此，油气行业在低碳发展过程中必定要依靠政府的政策倾斜，财政税收的优惠补贴，鼓励油气行业的低碳发展。

5.2 油气产业低碳发展面临的财税政策的问题

5.2.1 低碳发展财税政策支持力度不够

随着经济的持续发展，我国面对来自能源的挑战越来越大。中国政府也一直积极发展低碳经济，先后于 1998 年和 2002 年签署《联合国气候变化框架公约》和《京都议定书》。胡锦涛主席于 2007 年 9 月 8 日在亚太经合组织（APEC）会议上，首次明确主张“发展低碳经济”，并提出了四项建议。虽然中国政府对于低碳经济发展都有签署协议与发布政策，但针对油气资源的低碳发展财政政策几乎没有，让高污染、高能耗的油气产业在如今新的时代背景下仍照旧开采与供应，不能满足环境保护的需求，企业也不能从政策中提高生产或降低污染排放。

5.2.2　环境类税收制度不健全

随着自然环境的不断恶化，环保工作逐渐引起了政府及人民的重视。油气资源是一个国家的经济命脉，其特殊的物理化学性质使它在勘探、开采、加工、运输及销售各个环节危险系数高、控制难度大，对环境的污染程度重。我国目前多依赖于行政手段治理环境污染，这虽然可以达到一定效果，但会对经济产生扭曲行为。相比之下，政府运用税收手段调节油气生态环境，税收的调节功能通过油气价格传导出去，将油气田企业的环境成本内在化，从而达到降低污染、促进资源环境可持续发展的目标。然而，现行的油气资源税费政策尚未将油气资源开采过程中造成的环境污染这一负外部性考虑在内，2018 年开始实施的《环境保护税法》尽管将环保税推进了一大步，但有关油气产业的具体细则等尚未出台，油气产业既保障能源安全、又有市场竞争力，又具备低碳发展要求的环保税制体系尚未完全建立。

5.2.3　税费体系无法契合生态规制的要求

中国的油气资源税费体系比较复杂，主要由“二税二费一金”构成，多种税种并存，各税种协调性互补性较弱，功能重复，加重了油气开发企业负担的同时提高了油气资源管理成本。生态补偿理念的缺位，使我国油气资源税费制度设计围绕“经济价值”而忽视了生态环境价值，造成生态环境损害成本未纳入油气资源价格体系中，油气资源税和石油特别收益金等税费制度缺乏生态补偿的内涵，无力解决油气田区生态破坏和环境污染的问题，同时油气资源税费监管体系设置也不符合生态环境恢复治理的要求。我国的油气资源生态税费体系中各税费分属不同的部门征收和管理，比如资源税由税务部门征收，石油特别收益金由财政部门管理，不同部门征管方式各异，缺少跨部门、跨流域、跨区域的综合协调管理机构，容易造成油气资源税费管理部门政出多门、多头管理。通常，各税费的征收标准不一，重复征收、资金挪用等乱象丛生，增加管理成本，税费体系的级差收益调节功能较弱，无法很好的调节不同地区、不同阶段、不同地质环境的油气企业收益，综合协调机制的缺乏容易激化利益冲突，从而使油气资源开发中的生态补偿制度很难得到落实。

5.2.4 征收方式和计税依据不合理

长期以来，我国油气资源税实行从量定额征收的办法，计税依据是销售量或自用量，而不是实际开采量，也不是按照原油市场价格或实际的销售额征收，客观上不利于对油气资源的保护和合理开采，也不利于相关企业的发展。

5.3　油气产业低碳发展的财税政策的建议

5.3.1　从立法层次上

（1）完善油气上游产业市场准入制度

目前，我国油气上游产业的勘探、开发领域，基本形成了寡头垄断的市场格局。中石油、中石化和中海油在不同地域垄断油气上游勘探开发。为了提高油气资源开发效率，国家通过产业结构重组也在逐渐打破原有的资源分配格局，三大国有石油公司出现各自版图相互渗透的局面。如陕西延长石油集团等地方国资石油企业，逐步进入到油气上游产业与中石油等公司展开竞争。

2005 年，国务院颁布了新中国成立以来首部以促进非公有制经济发展为主题的中央政府文件《关于鼓励支持和引导个体私营等非公有制经济发展的若干意见》，其中第 8 条明确规定了支持民间资本进入油气勘探开发领域，与国有石油企业合作开展油气勘探开发。2010 年，国务院发布《关于鼓励和引导民间资本投资健康发展的若干意见》，鼓励民间资本参与石油天然气建设，支持民间资本进入油气勘探开发领域。2019 年 6 月，国家发改委和商务部颁布《外商投资准入特别管理措施（负面清单）（2019 年版）》，标志油气上游市场对外资企业直接开放，外资企业不必再通过合资合作方式“绕道”进入。《市场准入负面清单（2019 年版）》中，将“探矿权和采矿权审批登记”列入许可准入类。从油气矿业权管理角度看，外资主体与内资主体具有平等的市场主体权利。目前，我国有关石油天然气的立法主要有《矿产资源法》《石油及天然气勘察、开采登记管理暂行办法》及《实施细则》《石油、天然气管道保护条例》《矿产资源补偿费征收管理规定》等10余部条例和规章，涉及油气资源管理体制、油气矿权、对外合作、管道安全、地震补偿、税费、土地、环保等领域。但仍值得注意的是，从我国经济、社会和油气发展的全局战略出发，准确把握我国油气能源的基本政策，合理定位油气能源法律制度，符合我国国情的《石油天然气法》仍未出台，时间未定。

（2）完善油气资源开采监管制度

石油天然气产业的可持续发展离不开国家的有效监管。我国《矿产资源法》第9条、《矿产资源法实施细则》第24条原则规定了矿产资源的开发应当统一规划、有效保护、合理开采和综合利用。但在油气勘探开发实践中，存在着开发方案不合理、注水水质不达标、钻井液污染等原因导致石油资源遭到破坏或浪费的现象。我国未来的《石油天然气》立法应当在保障油气开采率、禁止资源浪费等方面细化并完善油气资源开采监管制度。

（3）地方政府应熟悉与税收相关的法律法规

陕西省作为拥有丰富的石油天然气资源的省份，要在大力开采油气资源，加强监管的同时，更要有效应对税务检查。中国的石油公司尤其是地方公司，在进行国际合作开发时，需要对税收审查引起格外注意。外国油气投资者以收益为目标，从低碳发展的角度考虑较弱，因此也必对其油气投资者实施更为严格的税务检查以低碳发展为目标。

（4）推动油气资源税费监管体制生态化改革

推动油气资源税费监管体制生态化改革，提升生态补偿资金管理的整体性和系统性。为了强化其生态补偿性，在对油气资源税费体系和分配方案进行生态化改革的同时，也应当构建与之相适应的油气资源税费监管体制。我国矿产资源政出多门，生态补偿资金分散，难以体现环境管理的整体性和系统性，已不适应生态文明建设的要求。即使通过油气资源权利金的返还机制和油气资源生态补偿费和耗竭补偿费制度的有效实施，资源地政府获得了大量的财政收入，但在有效监管制度缺失的情况下，不可避免的会产生资源地政府盲目追求政绩效果而对上述资金进行截留或者挪用，将获得的油气资源税费大部分用于地方的行政性支出，进行一些短期逐利行为，这不仅有悖于油气资源税费制度的目的和原则，也使中央通过税费制度来调整资源地经济结构的能力受到影响，不利于油气资源的合理开发利用及资源地的可持续发展。为了防止和避免上述问题的产生，应当打破我国矿产资源管理部门的僵化职能格局，构建符合生态文明建设要求体现生态补偿理念的油气资源税费监管体制，促进油气资源税费的严格管理和有效使用。

（5）构建财政法律体系，完善低碳法律法规

我国财政法位阶不高，部门规章是财政法的主要渊源。由于财政法缺失，导致财政激励政策数量众多。促进低碳发展的财政政策是其中一部分，存在同样的问题。这一现象的根源在于财政立法和财政政策没有划分清晰的界限，财政政策成为法律工具的替代品。在实用主义的思想下，财政立法被忽视，财政政策泛滥。因此，需要构建我国的财政法律体系，纵向上形成法律、法规和规章三级体系，横向上加入财政补贴法、财政支持法等提高财政政策的作用力度。

现阶段一些低碳法律法规在我国颁布并实施，但是低碳发展基本法尚未建立。基本法缺位导致低碳法律法规缺乏统一的编制基础，部分法律法规甚至出现相互矛盾的现象。这不仅造成行政部门各自为政，而且削弱法律制度对低碳发展的促进作用。另外，促进产业低碳发展绝非一日之功。日后还将出台更多法律法规及相关政策。法律法规及相关政策需要打出组合拳，这需要低碳发展基本法发挥指引作用。在油气领域，《能源法》属于低碳法律，其编撰已经基本完成，也经过2017年和2020年两轮征求意见。实际上，《能源法》起草工作自2005年年底启动开始，迄今已近20年。2022年国务院发布年度立法工作计划，《能源法》首次被列入“拟提请全国人大常委会审议的法律案”，也终于在多年预备之后转为“初次审议的法律案”；2023年，在国务院和全国人大常委会的年度立法工作计划中，《能源法》继续在列。这一法律的出台满足国家能源安全的需要，进一步提高能源市场的治理能力，推动构建低碳清洁、安全高效的能源体系。对陕西油气产业而言，《能源法》能够规范区域油气市场化建设，贯彻落实油气产业低碳发展的理念。因此，建立低碳发展基本法是当务之急，在基本法的基础上完善低碳法律法规尤为必要。

（6）强化低碳政策市场作用，建立市场运行机制

当前低碳财政政策主要依靠行政力量推动，以政府补助和财政贴息为主，市场对资源的配置作用较弱。为解决该问题，需要推动油气产业市场化改革。该机制要求根据市场供求状况反映能源价格，建立能源成本核算系统。这可以减少政府对油气定价的干预程度，体现资源的稀缺性。同时，该机制具有优化能源结构的作用。当清洁和可再生能源的价格较高时，对其进行价格补贴或者对高污

染能源征税，均能推广清洁和可再生能源的使用。

碳排放交易市场同样能够发挥市场作用，实现低碳发展。我国目前碳交易市场的范围仅局限于电力部门。油气产业属于高污染行业，为促使其低碳发展，有必要加入碳排放交易市场。碳排放权的交易需要建立在产权明晰、动态定价的基础上。目前的交易体系将碳排放目标分解到不同主体，各主体碳排放配额的富余程度不同。由于配额可以交易，缺少配额的企业需要花费额外的成本购买，从而迫使它们开展研发活动减少碳排放量。碳排放具有公共物品属性，碳交易体系可以将外部成本内部化，从而落实各主体的减碳责任。当前我国碳交易市场在几个城市开展试点后，交易体系和机制不够成熟，要尽快建立完善的碳交易全国市场，规范交易活动。

5.3.2　财政支持政策建议

(1) 财政需求

①增加财政支出，增加财政政策的激励作用

财政支出会影响到油气资源的建设力度。积极的财政政策会引导资金进入油气资源产业的勘探、开发和创新领域。首先，要扩大产业直接扶持力度，推动产业和谐发展。财政通过直接拨款、补助产业的勘探开发，对一些风险较大的活动进行财政扶持。其次，扩大油气的支持范围，推动产业的整体发展。油气产业属于一个大型综合产业，领域众多，需要技术广泛。对油气产业的发展不能只对其中某一环节进行扶持，而应扩大扶持面，保持产业发展的连贯性。油气的低碳之路更需要资金的支持。最后，运用多种财政工具，促进油气产业融资能力提高。可以通过政府融资担保、财政补贴、财政贴息、财政担保、设立专项资金等多种财政工具，促进产业融资能力提升，引导油气行业研究开发低碳节能技术，以及低碳设备的购进改造投入成本，激发油气行业对低碳转型的积极性和热情，从而更有利地发展低碳。制定明晰的引进民间资本和外资的政策，引导企业加大投资力度，解决制约油气资源低碳发展的资金和技术瓶颈问题。

②根据区域特点，完善优惠政策

对于陕西省来说，资源较为丰富，油气产业还是全省规模以上工业企业全员劳动生产率最高的产业，油气产业已经成为陕西省工业行业中发展最快和活力最强的支柱产业，在陕西省国民经济中占有极其重要的地位，是关乎全省经济增长速度和质量的最重要的产业。应针对陕西省油气开采特点、利用率及回采率等给予更多优惠：根据区域性特征，制定区域性优惠政策；针对利用率给予优惠，对利用率高的企业给予优惠，鼓励提高开采利用率；根据对环境的影响制定优惠政策，对采取保护措施，减少污染的给予优惠或激励，增强企业的环保意识。

③宽松的激励企业自主创新的政策

首先，可以允许石油企业向所属科研机构和高等学校提供研究开发经费资助支出，激励石油企业的创新力，尤其是对于低碳的相关研究实施奖励政策。其次，可以有条件地允许石油企业自由支配因进口零部件所依法享受的退税资金，而不是全部将其转为国家资本金。最后，可以继续实施技术开发费扣除制度。石油企业研究开发新产品、新技术、新工艺所发生的各项技术开发费用，包括新产品设计费、工艺流程定制费、设备调整费、原材料和半成品的试验费、技术图书资料费、未纳入国家计划的中间试验费、研究机构人员的工资、研究设备的折旧、与新产品的试制、技术研究有关的其他经费和委托科研试制费等，可按实际发生额，在计征企业所得税的税前扣除时，允许再按实际发生额的 50% 在应纳税所得额中扣除。

（2）具体实施

①财政补贴

企业经营发展追求利润最大化。低碳研发成果具有正外部性，油气企业承担低碳研发任务增加其运营成本，使得私人收益小于社会收益。对承担低碳研发任务的油气企业实施政府补助，能够扩大企业的私人收益，保证其开展研发活动的积极性。财政补贴同时具有信号效应，不仅向社会公众传递低碳发展的理念，而且推动更多资本涌入低碳技术研发领域。正因如此，财政补贴对于油气产业低碳发展具有重要意义。低碳财政补贴不仅需要考虑补贴额度和覆盖面，还需要对不同油气企业制定精细化的补贴政策。之前实证研究的结果表明，油气企业的经营状况在财政政策中具有中介效应，在税收政策中具有调节效应。财政政策是政府宏观调控的表现方式，政策制定大多难以考虑不同企业之间的差异，从而削弱财政政策的作用效果。为解决该问题，需要政府将油气企业按照资产规模和低碳研发能力进行分类。对于具备研发能力的大企业应给予更高的财政补贴额度，对于具备研发能力的小企业应投入适当资金提供支持。但对于不具备研发能力的企业则需要引导其符合低碳发展的要求，促使其承担低碳减排的研发任务。如若其背离这一要求，必要时可采取处罚措施。

②低碳专项资金

由于低碳项目需要投入大量资金购置设备用来开展技术研

发，设置低碳专项资金能够为研发活动提供稳定的资金支持。低碳专项资金由中央和地方共同出资设立，内容包括开发低碳能源、推广低碳技术、高效利用能源等。目前部分省市已经设立低碳专项资金，建立相应的管理办法，符合条件的企业因此获得财政补贴，促进其低碳发展。但是低碳专项资金相应的配套制度还不够完善，资金的分配使用缺乏透明度，监督力度有待加强。陕西作为西部资源大省，低碳减排的任务较重。目前的财政政策对油气企业的研发投入影响有限。丰富财政政策类型能够成为扩大政策影响力的手段之一。陕西尚未设立低碳专项资金，也没有建立相应的管理办法。其他省市在这一方面存在的问题和相关经验可供借鉴参考。

③贷款贴息

贷款贴息是指政府对特定项目提供贷款利息补贴。在欧洲国家，对低碳研发项目实施贷款贴息较为常见。在国内，贷款贴息主要使用于基础设施建设和技术改造项目。针对低碳研发项目的贷款贴息政策几乎没有。当前，贷款贴息的申请手续繁多，审批相对严格。即便获得贷款贴息，由于补贴利率较低，对企业低碳研发项目的补贴效果有限。根据成本效益原则，企业申请贷款贴息的意愿极低。为解决上述问题，政府需要提高财政贴息率，使企业在低碳研发中获得更大收益。同时要建立银行、财政、环保等多部门信息共享平台，避免繁杂的审批手续增加企业负担。引入第三方对贷款贴息进行监督评价也具有必要性。第三方能够客观地评价贷款贴息的效果，为银行的信贷决策提供支持。

④政府采购

政府采购帮助国家实现经济和社会政策目标，促进产业低碳减排也是政策目标之一。《政府采购法》并未对低碳产品采购作出明确规定，节能产品采购清单虽然对此明确说明，但因其不具有强制执行力，只能在部门内部使用。这直接导致政府采购对产业低碳发展难以产生良好效果。针对这些问题，有必要将低碳产品的采购工作纳入政府绩效考核当中，强化政府采购项目的追踪调查。这些举措能够树立政府采购的公信力，使政府对低碳产业的扶持真正落到实处。同时，进一步扩大采购清单，增加政府采购低碳产品的覆盖面，使更多低碳企业获得政府采购的支持及产生积极的引导和示范效应，进而推动低碳经济发展。将低碳产品纳入政府采购的相关法律之中，有助于提高法律的可执行性，实现对低碳企业的精准帮扶。

⑤转移支付

我国区域经济发展不平衡导致地方政府的财力相差悬殊，转移支付能够实现区域之间的协调，促进地方政府共同完成低碳减排任务。中央对地方的转移支付应当向中西部经济欠发达的能源大省倾斜，对减碳潜力大的地区应当重点给予资金扶持。从转移支付的方式来看，中央政府可以更多地采用专项转移支付的方式促进地区产业低碳发展。专项转移支付针对特定的低碳减排项目，能够直接满足低碳研发项目的资金需求，提高财政资金的使用效率。当前一般性转移支付的方式使用较多，在促进经济低碳发展方面，该方式不具有明显优势。此外，加强转移支付的监管力度十分必要。转移支付需要建立科学、透明和规范的管理办法，将资金与减碳量紧密地结合在一起，保证资金运用于低碳减排活动。建立预算绩效考评制度能够保证财政资金的使用效率，对转移支付起到进一步的监督作用。

⑥预算拨款

预算拨款是推动产业低碳发展的重要资金来源。在政府预算体系中需要设立与低碳减排相关的科目，既可以明确用于低碳减排的资金数额，又能反映低碳减排资金的投入比例，同时在制度上为低碳发展提供稳定的资金保障。低碳预算支出包括节能减排、低碳技术创新、清洁能源开发和生态环境保护等。节能减排支出占预算总支出的比例反映政府低碳减排资金的投入力度。该指标的增长幅度应不低于财政收入的增长，才能保证低碳减排资金持续稳定。从财政支出结构来看，经常性预算中拨出部分资金支持低碳减排，建设性预算需要加大对低碳减排项目的投资。它们能够扩大低碳减排资金的支持范围，减少单一来源资金的风险。此外，强化预算执行是保证低碳资金充分供给的关键。对低碳研发项目的资金应及时拨付到位，避免因资金不足造成研发中断。阶段性评价预算资金的使用情况有助于保证预算资金的高效利用，同时加强对预算资金的监督管理。

5.3.3 税收激励政策建议

（1）税收优惠需求

①完善油气资源税

首先，进一步降低资源税免征率。我国现行的油气资源税优惠政策包括从低丰度油气田开采的原油、天然气，减征 20% 资源税。陕西省石油储量大，但均属于特低渗透油田，油层储层渗透率低、丰度低、单井产能低。已有研究利用 2001—2016 年陕西省的数据发现陕西省地区经济增长存在“资源诅咒”现象。丰富的资源导致资源型产业具有明显的初级产品性质，应该注重产业结构调整，关注资源开发的过程中所带来的经济问题。为促进陕西省低渗透油田的开发利用，提高开发利用率的同时促进油气田进行低碳转型，进一步降低资源税的免征率是财税政策中可以考虑的一项措施。例如，根据地方油气田实际开发情况和次数，将资源税减征率提高到 30%。

其次，适当提高从价税率，充分体现公平原则，采用超额累进税率，按照利润率划分为不同的等级，对超出部分采用更高一级的税率。根据油气行业特点，调整计税方式。调整后按销售额征税，虽然将税收、利润与价格挂钩，但是在节约资源方面没有起到应有的作用，对于未实现销售的部分不征税，会鼓励企业采富弃贫，还会出现部分企业过度开采，导致资源积压却不用缴纳税款的情况，不利于企业开发技术的提高和资源利用效率的提高。

最后，未来可以先按照合理的预计储量征税，然后再按销售额征收，这样企业对未采出的部分也承担了税收成本，鼓励企业提高采收率。此外，根据石油行业生产规律，在初期采用低税率，进入稳产期采用高税率，后期降低税率或给予税收优惠，鼓励企业勘探开发新资源。由于油气资源的不可再生性及经营权的国有垄断性，我国目前对油气资源除了征收资源税外，还设立了多项收费基金。这些非税项目不仅给油气田带来了严重的非税负担，而且挤占了一部分资源税税源，造成了税费重叠的局面。政府还应合理分配税收收入，减少非必要的收费基金项目，避免重复征税。针对开采特点、利用率及回采率等给予更多优惠：根据区域性特征，制定区域性优惠政策；针对利用率给予优惠。对利用率高的企业给予优惠，鼓励提高开采利用率；根据对环境的影响制定优惠政策。对采取保护措施，减少污染的企业给予优惠，加强企业的环保意识。

②强化油气资源税费的生态补偿性

开征油气资源生态补偿费和油气资源耗竭补偿费为地方税。油气资源的开发利用，在推动我国经济快速发展的过程中，也给油气资源地带来了严重的环境污染和生态破坏，侵害了资源地居民的生存权、发展权和环境权益，使资源富集地承担了可持续发展的机会成本和环境成本。而我国目前的油气资源税费体系中，生态补偿类的税费种类过少、征收标准过低，油气资源富集地政府很难通过油气资源税费制度获得充分的生态补偿的资金支持，同时因相关法律法规和油气企业承担环境社会责任的主动性的缺失，资源地的生态环境的治理和修复步履维艰。为了贯彻环境公平原则，维护油气资源地居民的平等的环境权益和生存发展权，有效平衡企业责任和社会需求，应当向油气开采企业开征油气资源生态补偿费。油气资源生态补偿费主要针对油气企业开发利用油气资源所造成的污染和破坏行为，从而弥补了环境保护税只针对环境污染行为征税的局限性。油气资源生态补偿费专项用于油气资源富集地的生态环境的治理和修复，而油气资源开发所产生的负外部性成本主要是由油气资源地来承受的，生态补偿费理所应当属于油气资源富集区地方政府。

③实施税收优惠政策，构建绿色税收体系

对于油气行业低碳技术的研发费用支出给予税前扣除。我国正处于鼓励创新驱动发展战略时期，对研发费用加计扣除，未形成无形资产的，再按实际发生额的100%加计扣除；形成无形资产的，按无形资产成本的200%税前摊销。对于油气行业进行低碳技术研发时，也应该适用此项税收优惠，并且根据我国目前的能源保障和减排压力的现实，为促进低碳技术发展，允许再按实际发生额的更高比例在应纳税所得额中扣除。鼓励企业加大低碳技术投资。对于油气企业购进的低碳设备，按照一定比例抵免增值税、采取加速折旧的方法促进企业低碳设备更新，鼓励引进和消化吸收国外先进技术，实行技术转让税收减免、技术转让费税收扣除和引进技术税收优惠等政策。对于油气企业在进行环境保护过程中提供的劳务进行增值税税收减免，鼓励企业加强环境保护。

④完善并细化税收优惠政策

政府可以调整已有资源税优惠政策，根据地区进行实际考察，将开发中后期的高含水油田减免资源税，并根据含水程度制定不同的减免比例；对边远地区与海上等勘探开发条件差的油田减免资源税，并根据离岸距离及水深变化制定不同的减免比例；对非常规油气和天然气开发减免资源税，并根据开发成本制定不同的减免比例。同时，制定石油特别收益金减免优惠政策。从鼓励油气企业提高资源利用程度出发，改变现有石油特别收益金依据油价分级征收标准，依据不同品位石油储量、不同开发难度、不同开采阶段油气资源开采成本，制定不同的石油特别收益金征收标准，从而实现石油特别收益金的差别化征收，促进低品位、难开采资源有效的开发利用。

⑤优化税收顶层设计，协调不同税收政策

借鉴国外经验，优化税收顶层设计可以促进低碳税收政策与税收体系相适应。实现税收优化的具体措施包括：取消重复性税收项目，将原来单一的税收项目重新组合，开征新税种。但根据我国国情，国家税收体系主要依靠宏观调控，宏观调控能够促进税制结构的优化和完善。如今扩张性财政支出造成高通胀风险，结构性减税成为当前宏观政策的趋势。结构性减税有助于实现中长期税制优化。在能源产品生产、供给和销售各环节设立绿色低碳的征税点，实现对税收体系的整体布局与优化调整。

在优化税收体系的同时，考虑各税种的整体效应和协同作用。当前低碳税收政策分散于各税种之中，难以形成整体合力。税收体系对各税种政策的制定缺乏引导作用，税款征收金额过高、多重课税的问题依然存在。为解决上述问题，需要在优化后税收体系的基础上，明确各税种分工。所得税促进低碳技术的开发和应用，增值税加快低碳产品的消费和购买，资源税保证资源不被过度开采，碳税能够限制二氧化碳的过量排放。积极发挥增值税、所得税和其他税种的联动作用，实现对低碳产业的全方位覆盖，为低碳经济提供良好的发展空间。

⑥构建绿色税收体系，完善相应配套政策

当前的分税制造成地方政府财政收入不足，中央政府的财政拨付不能及时到位。地方政府为获得财政收入，维持当地的就业稳定，没有将部分产量低但碳排放量高的企业关停。解决该问题需要合理划分中央和地方税收收入，增加中央对地方政府的税收支持，从而减轻地方政府财政资金压力。另外，我国应当完善低碳减排的评价标准，使用先进的碳排放检测设备，实时监测高耗能企业的碳排放量。碳排放检测设备为低碳政策实施提供技术支撑，评价标准的完善能够保证碳排放量少的企业获得相应收益，促进经济低碳发展。

⑦改变税负计征方式，扩大征税范围力度

目前资源税和消费税的计征方式属于价内税。消费者对价内税的感知弱于价外税，造成资源税和消费税对绿色低碳消费的影响较弱。加之，当前我国的税收体系是以增值税和所得税为主，资源税和消费税的金额占比较低，消费者对这两个税种的价格变化不敏感。因此，需要改变这两个税种的计税方式，将它们改为价外税，由最终消费者承担税负。这样不仅可以引导消费者购买低碳产品，而且能使现行税收体系促进低碳发展。

征税范围能够在一定程度上影响税收政策的作用效果。扩大征税范围意味着税收金额的增加，开征新税种是扩大征税范围的常用手段。环保税作为新税种已经开始征收，出台相应的实施细则。碳税仍处于理论研究阶段，尚未落地实施。征收碳税能够直接传递低碳减排的信号，促使全产业链实现低碳生产。另外，提高征税力度也是增加税收政策影响力的方式。提高税率是最为有效的方法。当前资源税征收的税率过低，导致资源存在过度开采的情况。资源税从量计征转为从价计征，进一步提高该税种的作用效果。适当提高煤炭和成品油的消费税率，可以抑制高碳消费行为，减少对环境的负面影响。通过产业链的反向传导作用，引导企业生产低碳产品。

（2）具体政策建议

①增值税

以增值税为代表的流转税在整个税收体系中占据较大比重。对价格较高的低碳设备应给予增值税全部或部分减免，降低增值税税率，这可以为低碳产品提供价格优势，引导消费者购买低碳产品。同时，扩大低碳研发项目增值税抵扣范围，并完善抵扣链条。具体而言，资源综合利用企业生产所需的原材料，生产过程中产生的半成品均应作为抵扣项目，降低这类企业的税收负担。对清洁程度不同的能源采用不同的增值税率，能够推广清洁能源的使用。对于煤炭和石油等碳排放量较高的能源采用较高的增值税率；对于太阳能、风能等可再生能源的增值税率次之；对于氢能等完全实现零碳排放的能源实行增值税减免的政策。另外，制定低碳增值税政策要考虑企业发展的动态性。定期调整低碳企业名单，清晰界定享受低碳优惠政策的领域和行业。这样可以保证低碳增值税政策的激励长期有效。

②所得税

所得税政策同样能够对低碳发展产生促进作用。对低污染、低能耗的项目加大所得税优惠力度，能够为低碳企业经营发展提供强力支持。具体措施包括：对低碳环保、节能减排项目按照优惠税率征收所得税；资源综合利用的企业加大减计收入的税收优惠力度；对低碳环保等费用支出允许税前加计扣除；允许企业购置生产低碳产品的固定资产加速折旧；对企业用于低碳环保的投资予以税收抵免。除了使用正向激励手段之外，惩罚措施同样必不可少。对碳排放量较高的企业提高所得税税率，能够对其高碳排量的经营发展模式起到抑制作用，从而促使其向低碳发展转型。

③消费税

征收消费税应坚持低碳导向。消费税的征收应当直接面向消费者，提高该税种影响力的同时，防范纳税人利用转移定价避税。将低碳与消费税结合能够引导消费者形成绿色低碳的消费习惯，产生低碳消费行为。具体而言，对不同排量的小汽车采用差别税率，有效推广小排量汽车的使用。对以清洁能源为动力的小汽车需要降低消费税率，倡导绿色低碳的生活方式。同时，对汽油按照含铅量采用差别税率，能够推动无铅汽油的生产，减少环境污染。另外，将不符合低碳发展要求的消费品列为消费税的征税对象。提高含汞电池、氟利昂产品、一次性用品、不可回收用品的消费税率能够减少消费者使用频率。对于低能耗、无污染、碳排放量较少的产品，可以减少消费税的征收额度，实行低税率，促进低碳产业持续发展。

④资源税

我国现行的资源税政策包括原油、天然气和煤炭等。陕西省油气资源储量大，但油气储层渗透率低，单井产能较少。为促进陕西省低渗透油田的开发利用，提高开发利用率的同时促进油气田低碳转型，需要结合从价计征与从量计征的方式。这种征税方式能够将税收与企业开采资源获得的收入相结合，保证资源不被过度开采。扩大资源税的征收范围能够提高其作用效果。将水资源、森林资源和土地资源等资源纳入资源税的征收范围是扩大征收范围的可行措施。我国目前除了征收资源税外，还设立多项收费基金。这些收费项目不仅加重企业负担，而且挤占部分资源税税源，造成税费重叠的局面。因此需要将矿产资源管理费、林业补偿费等资源性收费转变为资源税。调整资源税的征收时点同样有助于产业低碳发展。在开采过程中征收资源税能够减少资源浪费，遏制过度开采行为。此外，不合理的资源税分配机制对资源开采地区的生态环境产生不良影响。因此需要根据不同资源开发区域细化资源税分配政策。对于西部地区资源开采项目的环境修复工作需要给予更多的专项资金支持，保证补偿资金的足额发放。

⑤碳税与环境税

碳税的征收额由碳排放量决定，它使得化石能源燃烧的负外部效应内部化，从而提高化石能源价格，促进清洁能源的推广使用。征收碳税应当遵循循序渐进的原则，采用从量计征的方式。根据企业的实际税收负担，先采用较低的税率。当增值税、所得税降低，税收结构优化之后，逐步提高碳税税率。在征税时点上选择生产环节征税，有利于控制税收源头，便于税收管理。碳税的收入应当作为专项资金，为低碳研发项目提供支持，进一步促进产业低碳发展。与此同时，密切结合碳税与碳交易市场能够对低碳减排产生双重促进作用。碳交易市场能够利用市场手段调节碳排放量，碳税征收所采用的技术标准和管理办法能够为碳交易市场的有效运行提供基础。当前碳交易市场不够成熟，碳税尚未开始征收，因此尽快完善碳税的征收政策，促使碳税落地实施具有重要意义。

在结构性减税的背景下，目前征收环保税能够增加财政收入，同时有助于优化税收体系，推动产业结构升级。环保税的概念范围广于碳税。它将各种废水、废气、固体废弃物、危险废物等纳入征税范围，以这些污染物的排放量为税基，采用从量计征的方式。征收环保税需要税务部门与环保部门协同配合，环保部门需要测定污染物的排放量，税务部门需要计算环境税的缴纳金额。另外，建立环保税的返还与减免机制能够增强环境税的作用效果，提高企业节能减排的积极性。

⑥石油特别收益金

石油特别收益金纳入政府预算管理。它具有较强的灵活性，可以根据国际油气市场的价格波动及时调整。当油气价格快速上涨时，油气资源产生超额利润，对其征税能够调节油气价格，缓解油气资源供应不足的问题。特别收益金的征收需要确定合适的基准价格和税率，以实现社会福利的最大化。我国能源市场长期处于垄断状态，导致油气产业上下游利益分配不均。油气资源开采企业处于垄断地位，持续获得超额收益。加工和利用企业因议价能力较弱，获利能力有限。特别收益金能够协调油气产业上下游各方利益，进一步推动能源价格体系改革，完善能源价格市场定价机制。特别收益金增加油气企业的成本负担。在税收体系优化后，资源税税负有所增加，需要提高特别收益金的起征点。这样可以减轻油气企业的成本压力，促进油气产业低碳发展。

第6章 研究结论与前景展望

我国已出台多项政策补贴促进油气产业的发展。本研究从不同税费方面分别研究了税费制度改革对油气产业发展的影响。增值税改革带来的是油气产业成本的降低，资源税带来的将是油气产业向着低碳改革，提高石油特别收益金起征点使石油行业产业链更加合理。总而言之，我国对于油气产业的激励政策促进了油气产业的可持续发展，为油气产业的改革起到了很大的作用。但是我国的财税政策依旧存在一定的问题，例如财税优惠目标尚未明确，缺乏系统的税收法律促进体系、政府财政补贴不尽合理、对低碳产业的社会投资数量偏少、低碳税制系统不尽完善等。目前，我国非常规油气产业的财税优惠政策主要集中在页岩气、煤层气等个别非常规油气品种的开发利用上，系统的非常规油气产业激励政策尚未出台。国家对非常规油气资源的激励政策无法促进产业的全面发展，而对非常规油气的扶持力度也并不能凸显非常规油气产业在我国未来油气产业体系中的地位。这就需要明确非常规油气产业财税优惠政策的整体取向。一是在国家层面尽快制定系统的非常规油气产业战略发展规划。二是要根据不同种类非常规油气的特点制定有区别的财税优惠政策。非常规油气的种类很多，每个种类都有其自身的特点，应根据各种非常规油气的特性制定差别化的税率制度。

原油价格受到供求关系、地缘政治、货币与金融、地区局势及世界经济周期性变化等因素的影响，因此造成了石油价格的周期性波动。随着我国油气产业财税政策的实施，石油能源的成本优势将更加明显，环境友好度将不断提升。相较于太阳能与风能前期大规模的投入，页岩气开采中较高的成本支出，以及核能应用中的安全风险，石油能源具有成本与安全优势，因此新生能源暂时无法替代石油在世界能源格局中的地位。同时，资源税的改革促进了石油应用水平的提升，诸如更高燃烧效率的发动机、更清洁环保的废弃物处理设备不断涌现，石油能源的环境友好度也在逐步提升。

党的二十大报告提出加快构建绿色低碳循环发展的经济体系，提高化石能源清洁高效利用水平，实现经济社会发展和生态环境保护协调统一。2023 年 3 月 22 日，国家能源局印发《加快油气勘探开发与新能源融合发展行动方案（2023—2025 年）》，大力推动油气勘探开发与新能源融合发展，积极扩大油气企业开发利用绿电规模；到 2025 年，通过低成本绿电支撑减氧空气驱、CO_2 驱、稠油热采电加热辅助等三次采油方式；加快开发利用地热、风能和太阳能资源，积极推进环境友好、节能减排、多能融合的油气生产体系，努力打造“低碳”“零碳”油气田。5 月 6 日，国家能源局印发《2023 年能源工作指导意见》，强调在能源保供稳价的同时，深入推进能源绿色低碳转型；狠抓绿色低碳技术攻关，加快先进技术推广应用，加强政策协同，强化能效监督考核，完善标准规范体系；以节能和清洁替代为抓手，从源头上减少化石能源消耗和 CO_2 排放，实现碳减量，加强碳汇林、CCS/CCUS、二氧化碳化工利用与产业化发展布局，实现碳移除，力争 2025 年碳排放接近峰值，2027 年实现碳达峰；力争 2050 年左右实现近零排放，2060 年前实现碳中和；同时加大零碳能源外供，加快 CCS 产业发展，助力国家“双碳”目标的实现。顶层设计高屋建瓴，政策导向明确，油气与新能源融合发展将是未来一段时期的主方向。总而言之，基于石油能源的支柱性地位，以及石油产业在世界经济中举足轻重的作用，石油产业从长期而言，依然具有广阔的世界前景。

附录

促进油气产业低碳发展的主要政策法规（2024）

［1］中华人民共和国矿产资源法（中华人民共和国主席令第36号）.

［2］中华人民共和国资源税暂行条例（1993年国务院令第139号）.

［3］中华人民共和国节约能源法（中华人民共和国主席令第90号）.

［4］矿产资源勘查区块登记管理办法（1998年中华人民共和国国务院令第240号）.

［5］中华人民共和国清洁生产促进法（中华人民共和国主席令第72号）.

［6］中华人民共和国可再生能源法（中华人民共和国主席令第33号）.

［7］循环经济促进法（中华人民共和国主席令第4号）.

［8］油气田企业增值税管理办法（财税〔2009〕8号）.

［9］关于油气田企业增值税问题的补充通知（财税〔2009〕97号）.

［10］国务院关于修改《中华人民共和国资源税暂行条例》的决定（国务院令第605号）.

［11］节能低碳产品认证管理办法（国家质监总局令第168号）.

［12］国务院办公厅印发《2014—2015年节能减排低碳发展行动方案》.

［13］中华人民共和国环境保护法（中华人民共和国主席令第22号）.

［14］中华人民共和国环境保护税法（中华人民共和国主席令第61号）.

［15］《中华人民共和国能源法（征求意见稿）》，2020年.

［16］中华人民共和国资源税法（中华人民共和国主席令第33号）.

［17］国务院关于印发"十四五"节能减排综合工作方案的通知（国发〔2021〕33号）.

［18］财政部 国家税务总局 关于部分资源综合利用及其他产品增值税政策问题的通知（财税〔2001〕198号）.

［19］国务院办公厅关于加快煤层气（煤矿瓦斯）抽采利用的若干意见（国办发〔2006〕47号）.

［20］财政部关于煤层气（瓦斯）开发利用补贴的实施意见（财建〔2007〕114号）.

［21］国家发展改革委关于煤层气价格管理的通知（发改价格〔2007〕826号）.

［22］财政部 国家税务总局 国家发展和改革委员会关于公布《公共基础设施项目企业所得税优惠目录（2008年版）》的通知

(财税〔2008〕116 号).

［23］国家税务总局关于资源综合利用企业所得税优惠管理问题的通知（国税函〔2009〕185 号).

［24］国家税务总局关于环境保护节能节水安全生产等专用设备投资抵免企业所得税有关问题的通知（国税函〔2010〕256 号).

［25］财政部 税务总局 关于促进节能服务产业发展增值税营业税和企业所得税政策问题的通知（财税〔2010〕110 号).

［26］国务院办公厅转发发展改革委等部门关于加快推行合同能源管理促进节能服务产业发展意见的通知（国办发〔2010〕25 号).

［27］国家发展改革委关于开展低碳省区和低碳城市试点工作的通知（发改气候〔2010〕1587 号).

［28］国家安全监管总局 财政部关于印发安全生产举报奖励办法的通知（安监总财〔2012〕63 号).

［29］关于印发页岩气发展规划（2011—2015 年）的通知（发改能源〔2012〕612 号).

［30］财政部 国家税务总局关于将铁路运输和邮政业纳入营业税改征增值税试点的通知（财税〔2013〕106 号).

［31］国务院办公厅关于进一步加快煤层气（煤矿瓦斯）抽采利用的意见（国办发〔2013〕93 号).

［32］关于陕西省 2013 年国民经济和社会发展计划执行情况与 2014 年国民经济和社会发展计划草案的报告.

［33］陕西省人民政府办公厅关于进一步加快煤层气（煤矿瓦斯）抽采利用的实施意见（陕政办发〔2014〕108 号).

［34］财政部印发《外经贸发展专项资金管理办法》（财企〔2014〕36号）.

［35］关于发布陕西省专利创造资助办法（试行）的通知（陕知发〔2015〕76号）.

［36］国家税务总局关于执行《西部地区鼓励类产业目录》有关企业所得税问题的公告（国家税务总局公告2015年第14号）.

［37］西安市财政局西安市人民政府金融工作办公室关于修订《西安市鼓励企业上市发展专项资金管理办法》的通知（市财发〔2016〕60号）.

［38］关于“十三五”期间煤层气（瓦斯）开发利用补贴标准的通知（财建〔2016〕31号）.

［39］关于征集2018年工业转型升级重点项目的通知（陕工信发〔2017〕397号）.

［40］陕西省金融办等5部门关于印发《陕西省促进企业在多层次资本市场发展及直接融资奖励补助办法》的通知（陕金融发〔2017〕6号）.

［41］陕西省发展和改革委员会关于下达2017年中央预算内资源节约循环利用重大工程投资计划（第一批）的通知（陕发改投资〔2017〕525号）.

［42］汉中市人民政府关于对2017年度循环工业发展先进单位进行表彰奖励的通报（汉政字〔2018〕23号）.

［43］陕西省生态环境厅印发《关于提升全省生态环境治理能力助推高质量发展的若干措施》的通知（陕环发〔2019〕37号）.

［44］财政部 国家税务总局关于资源综合利用增值税政策的公告（财税〔2019〕90号）.

［45］陕西省知识产权局印发《陕西省专利创造救济指导意见（试行）》的通知（陕知发〔2020〕18号）.

［46］陕西省人民政府办公厅关于印发“十四五”生态环境保护规划的通知（陕政办发〔2021〕25号）.

［47］陕西省人民政府关于印发加快建立健全绿色低碳循环发展经济体系若干措施的通知（〔陕政发〔2021〕15号）.

［48］中共中央 国务院关于完整准确全面贯彻新发展理念做好碳达峰碳中和工作的意见.

［49］中共中央 国务院印发《质量强国建设纲要》.

［50］陕西省发展和改革委员会等四部门关于印发《陕西省高耗能行业重点领域节能降碳实施方案》的通知（陕发改工业〔2022〕1636号）.

［51］陕西省人民政府关于印发“十四五”节能减排综合工作实施方案的通知（陕政发〔2022〕25号）.

［52］关于印发《财政支持做好碳达峰碳中和工作的意见》的通知（财资环〔2022〕53号）.

［53］国家发展改革委 国家能源局关于完善能源绿色低碳转型体制机制和政策措施的意见（发改能源〔2022〕206号）.

［54］国家发展改革委 国家能源局关于印发《“十四五”现代能源体系规划》的通知（发改能源〔2022〕210号）.

［55］陕西省工业和信息化厅 陕西省发展和改革委员会 陕西省生态环境厅关于印发《陕西省工业领域碳达峰实施方案》的通知（陕工信发〔2023〕31号）.

［56］国家能源局关于印发《2023年能源工作指导意见》的通知（国能发规划〔2023〕30号）.

[57] 国家能源局关于加快推进能源数字化智能化发展的若干意见（国能发科技〔2023〕27号）.

[58] 国家发展和改革委员会 财政部 国家能源局下发《国家发展改革委财政部国家能源局关于享受中央政府补贴的绿电项目参与绿电交易有关事项的通知》（发改体改〔2023〕75号）.

[59] 国家发展改革委等部门关于统筹节能降碳和回收利用、加快重点领域产品设备更新改造的指导意见（发改环资〔2023〕178号）.

[60] 国家发展改革委等部门关于促进炼油行业绿色创新高质量发展的指导意见（发改能源〔2023〕1364号）.

[61] 国家能源局关于印发加快油气勘探开发与新能源融合发展行动方案（2023—2025年）的通知（国能发油气〔2023〕21号）.

[62] 国家能源局关于印发《2024年能源工作指导意见》的通知（国能发规划〔2024〕22号）.

参考文献

[1] Afonso, António, F L., Market power and fiscal policy in OECD countries [J]. *Applied Economics*, 2013 (45): 4545 -4555.

[2] Aghion P., Hémous D., Kharroubi E., Cyclical fiscal policy, credit constraints, and industry growth [J]. *Journal of Monetary Economics*, 2014 (62): 41 -58.

[3] Angelopoulos K., Malley J., Philippopoulos A., Tax structure, growth, and welfare in the UK [J]. *Oxford Economic Papers*, 2012 (64): 237 -258.

[4] Asche F. & Misund B., Who's a major? A novel approach to peer group selection: Empirical evidence from oil and gas companies [J]. *Cogent Economics & Finance*, 2016, 4 (1).

[5] Chen M. & Gupta S., The incentive effects of R&D tax credits: An empirical examination in an emerging economy [J]. *Journal of Contemporary Accounting & Economics*, 2017, 13 (1): 52 -68.

[6] Ewing B. T. & Thompson M. A., The role of reserves and production in the market capitalization of oil and gas companies [J]. *Energy Policy*, 2016 (98): 576 -581.

[7] Ewing B. T., Malik F., Ozfidan O., Volatility transmission in the oil and natural gas markets [J]. *Energy Economics*, 2002, 24

(6): 525 - 538.

[8] Fatás, Antonio, Mihov I., Policy volatility, institutions, and economic growth [J]. *Review of Economics and Statistics*, 2013, 95 (2): 362 - 376.

[9] Gupta S., Clements B., Baldacci E., Mulas - Granados C., Fiscal policy, expenditure composition, and growth in low - income countries [J]. *Journal of International Money and Finance*, 2005, 24 (3): 441 - 463.

[10] Huang C. & Huang C., Tax credits and total factor productivity: firm - level evidence from Taiwan [J]. Springer US, New York, 2015, 40 (6): 932 - 947.

[11] Kang S. H., Reese L., Skidmore M., Do Industrial Tax Abatements Spur Property Value Growth? [J]. *Journal of Policy Analysis and Management*, 2016, 35 (2): 388 - 414.

[12] Koga T., Firm size and R&D tax incentives [J]. *Technovation*, 2003, 23 (7): 643 - 648.

[13] Lan F., Wang W., Cao Q., Tax cuts and enterprises' R&D intensity: Evidence from a natural experiment in China [J]. *Economic Modelling*, 2019.

[14] Lee E. Y. & Cin B. C., The effect of risk - sharing government subsidy on corporate R&D investment: Empirical evidence from Korea [J]. *Technological Forecasting and Social Change*, 2010, 77 (6): 881 - 890.

[15] Lee Y. & Sung T., Fiscal policy, business cycles, and economic stabilization: Evidence from industrial and developing countries

[J]. 2005, *Working Paper.*

[16] Lewis V. & Winkler R., Fiscal policy and business formation in open economies [J]. *Research in Economics*, 2015, 69 (4): 603 -620.

[17] Lim C. Y., Wang J., Zeng C. C., China's "Mercantilist" Government Subsidies, the Cost of Debt and Firm Performance [J]. *Journal of Banking and Finance*, 2018 (86): 37 -52.

[18] Muinelo - Gallo L. & Roca - Sagalés O., Joint determinants of fiscal policy, income inequality and economic growth [J]. *Economic Modelling*, 2013 (30): 814 -824.

[19] Shukuan Z., Xu B., Zhang W., Government R&D subsidy policy in China: An empirical examination of effect, priority, and specifics [J]. *Technological Forecasting and Social Change*, 2018 (135): 75 -82.

[20] Tosun M. S. & Abizadeh S., Economic growth and tax components: an analysis of tax changes in OECD [J]. *Applied Economics: The World Economy and European Integration Guest Editors: Elias Soukiazis and George Agiomirgianakis*, 2005, 37 (19): 2251 -2263.

[21] Van Cauwenberge P., Beyne P., Vander Bauwhede H., An empirical investigation of the influence of municipal fiscal policy on firm growth [J]. *Environment and Planning C: Government and Policy*, 2016, 34 (8): 1825 -1842.

[22] Weller C. E. & Rao M., Progressive Tax Policy and Economic Stability [J]. *Journal of Economic Issues*, 2010, 44 (3): 629 -659.

[23] Wu Y., State R&D tax credits and high – technology establishments [J]. *Economic Development Quarterly*, 2008, 22 (2): 136 – 148.

[24] Xu B., Sendra – García J., Gao Y., Chen X., Driving total factor productivity: Capital and labor with tax allocation [J]. *Technological Forecasting and Social Change*, 2020 (150): 119782.

[25] Yu F., Guo Y., Le – Nguyen K., Barnes S. J., Zhang W., The impact of government subsidies and enterprises' R&D investment: A panel data study from renewable energy in China [J]. *Energy Policy*, 2016 (89): 106 – 113.

[26] Zhu P., Xu W., Lundin N., The impact of government's fundings and tax incentives on industrial R&D investments—Empirical evidences from industrial sectors in Shanghai [J]. *China Economic Review*, 2006, 17 (1): 51 – 69.

[27] Samargandi Nahla, Sohag Kazi, The interaction of finance and innovation for low carbon economy: Evidence from Saudi Arabia [J]. *Energy Strategy Reviews*, 2022 (41).

[28] Nnaemeka Vincent Emodi, Taha Chaiechi, ABM Rabiul Alam Beg, The impact of climate change on electricity demand in Australia [J]. *Energy & Environment*, 2019 (29): 1263 – 1297.

[29] Shlyapin D. A., Afonasenko T. N., Glyzdova D. V., Leont'eva N. N., Lavrenov A. V.. Acetylene Production Technologies in the 21st Century: Main Trends of Their Development in the Paradigm of Low – Carbon Economy of the Future [J]. *Catalysis in Industry*, 2022 (14): 251 – 267.

[30] Ali Rizwan, Rehman Mubeen Abdur, Rehman Ramiz Ur, Ntim Collins G. Sustainable environment, energy and finance in China: Evidence from dynamic modelling using carbon emissions and ecological footprints [J]. *Environmental science and pollution research international*, 2022 (29).

[31] 白旭云，王砚羽，苏欣．研发补贴还是税收激励——政府干预对企业创新绩效和创新质量的影响 [J]. 科研管理，2019 (06).

[32] 蔡书凯，刘二林，俞葵．财政支持对中小企业后绩效的影响研究——以芜湖市中小企业为例 [J]. 软科学，2016 (11).

[33] 曹阳，易其其．政府补助对企业研发投入与绩效的影响——基于生物医药制造业的实证研究 [J]. 科技管理研究，2018 (01).

[34] 曾先峰，李国平，李生胜．煤炭资源税改革减轻了企业负担吗？来自调研企业的证据 [J]. 干旱区资源与环境，2016 (08).

[35] 陈东，法成迪．政府补贴与税收优惠并行对企业创新的激励效果研究 [J]. 华东经济管理，2019 (08).

[36] 陈新平．低碳经济发展模式下的财税政策——发达国家的经验及启示 [J]. 宏观经济管理，2010 (04).

[37] 陈远燕．财政补贴，税收优惠与企业研发投入——基于非上市公司20万户企业的实证分析 [J]. 税务研究，2016 (10).

[38] 程德智．供给侧改革导向下产业升级财政政策体系构建及优化 [J]. 东岳论丛，2017 (05).

[39] 程曦，蔡秀云．税收政策对企业技术创新的激励效应——

基于异质性企业的实证分析［J］. 中南财经政法大学学报，2017（06）.

［40］储德银，纪凡，杨珊. 财政补贴，税收优惠与战略性新兴产业专利产出［J］. 税务研究，2017（04）.

［41］储德银，建克成. 财政政策与产业结构调整——基于总量与结构效应双重视角的实证分析［J］. 经济学家，2014（02）.

［42］储德银，杨姗，宋根苗. 财政补贴，税收优惠与战略性新兴产业创新投入［J］. 财贸研究，2016（05）.

［43］戴晨，刘怡. 税收优惠与财政补贴对企业 R&D 影响的比较分析［J］. 经济科学，2008（03）.

［44］戴浩，柳剑平. 政府补助对科技中小型企业成长的影响机理——技术创新投入的中介作用与市场环境的调节作用［J］. 科技进步与对策，2018（23）.

［45］戴小勇，成力为. 财政补贴政策对企业研发投入的门槛效应［J］. 科研管理，2014（06）.

［46］都成祥. 政策性保险对“互联网＋金融”影响测度研究——基于多维信息不对称的视角［J］. 河北经贸大学学报，2016（04）.

［47］段姝，杨彬. 财政补贴与税收优惠的创新激励效应研究——来自民营科技型企业规模与生命周期的诠释［J］. 科技进步与对策，2020.

［48］范定祥，来中山. 企业财务绩效对政府补助与研发投资关系的调节效应——基于华东地区高新技术企业的实证分析［J］. 华东经济管理，2019（11）.

［49］费茂清. 中国发展战略性新兴产业的税收政策研究

[J]. 生态经济, 2013 (04).

[50] 冯发贵, 李隋. 产业政策实施过程中财政补贴与税收优惠的作用与效果 [J]. 税务研究, 2017 (05).

[51] 冯海红, 曲婉, 李铭禄. 税收优惠政策有利于企业加大研发投入吗? [J]. 科学学研究, 2015 (05).

[52] 高东芳, 方晓琳. 我国战略性新兴产业税收政策的问题与完善研究 [J]. 经济体制改革, 2012 (04).

[53] 郭晔. 货币政策与财政政策的分区域产业效应比较 [J]. 统计研究, 2011 (03).

[54] 郭晔, 赖章福. 货币政策与财政政策的区域产业结构调整效应比较 [J]. 经济学家, 2010 (05).

[55] 韩沈超, 徐姗. 税收政策, 产业结构升级与对外直接投资——基于税收结构异质性的母国驱动力探析 [J]. 西部论坛, 2019 (06).

[56] 胡健, 焦兵. 基于油气资源禀赋的产业集群对区域经济发展影响的实证研究 [J]. 经济地理, 2007 (04).

[57] 胡凯, 吴清. R&D 税收激励产业政策与企业生产率 [J]. 产业经济研究, 2018 (3).

[58] 黄志忠, 钱晨, 冯徐琼. 货币\税收政策对企业 R&D 投入的影响 [J]. 证券市场导报, 2015 (12).

[59] 江静. 公共政策对企业创新支持的绩效——基于直接补贴与税收优惠的比较分析 [J]. 科研管理, 2011 (04).

[60] 蒋丽丽, 周丹. 完善我国产业结构升级的税收政策 [J]. 管理世界, 2015 (09).

[61] 蒋小平, 叶子荣. 税收结构与中小企业发展——基于中

国省际面板数据的实证分析 [J]. 财经问题研究, 2013 (02).

[62] 焦兵. 油气资源开发与区域经济发展关系的实证研究: 基于陕西省的案例分析 [J]. 中国矿业, 2011 (06).

[63] 李波. 税收政策促进产业结构优化的思考 [J]. 税务研究, 2015 (04).

[64] 李宏勋, 杨惠, 苏宝珍. 我国油气类上市公司资本结构与经营绩效关系的实证研究——基于因子分析-面板数据模型 [J]. 河南科学, 2020 (02).

[65] 李苗苗, 肖洪钧, 傅吉新. 财政政策、企业R&D投入与技术创新能力——基于战略性新兴产业上市公司的实证研究 [J]. 管理评论, 2014 (08).

[66] 李维安, 李浩波, 李慧聪. 创新激励还是税盾? ——高新技术企业税收优惠研究 [J]. 科研管理, 2016 (11).

[67] 李香菊, 杜伟. 促进战略性新兴产业发展的税收政策研究 [J]. 西安交通大学学报: 社会科学版, 2013 (06).

[68] 李香菊, 祝丹枫. 财税政策波动如何影响中国制造业转型升级——基于信息不对称和目标冲突视角的分析 [J]. 财贸研究, 2018 (11).

[69] 林小玲. 财政补助, 外部融资与企业自主研发投入——基于2016年全国企业调查数据 [J]. 山西财经大学学报, 2019 (05).

[70] 刘放, 杨筝, 杨曦. 制度环境, 税收激励与企业创新投入 [J]. 管理评论, 2016 (02).

[71] 刘行, 李小荣. 金字塔结构, 税收负担与企业价值? 基于地方国有企业的证据 [J]. 管理世界, 2012 (08).

［72］柳光强．税收优惠，财政补贴政策的激励效应分析——基于信息不对称理论视角的实证研究［J］．管理世界，2016（10）．

［73］吕敏康．财政政策、经营异质性与企业价值［J］．中南财经政法大学学报，2017（01）．

［74］马海涛，段琦．“供给侧”财政改革背景下的税制重构——基于直接税和间接税相对关系的角度［J］．苏州大学学报（哲学社会科学版），2016（03）．

［75］马嘉楠，翟海燕，董静．财政科技补贴及其类别对企业研发投入影响的实证研究［J］．财政研究，2018（02）．

［76］牟彤华，杜放．基于资源税对企业经营决策影响模型研究［J］．财政研究，2010（01）．

［77］任爱华，郭净．我国不同时期财政政策的产业结构优化效应［J］．财政研究，2017（11）．

［78］任爱华，钱宇．我国财政政策对产业结构优化的非对称效应［J］．华东经济管理，2017（04）．

［79］任海云，聂景春．企业异质性、政府补助与 R&D 投资［J］．科研管理，2018（06）．

［80］邵珠琼，张中祥．资源税从价计征改革如何影响企业盈利能力——以原油和天然气为例［J］．财贸经济，2018（05）．

［81］水会莉，韩庆兰，杨洁辉．政府压力、税收激励与企业研发投入［J］．科学学研究，2015（12）．

［82］宋来．中国财政政策产业结构调整效应的实证分析——基于 1993—2012 年省际面板数据［J］．华东理工大学学报（社会科学版），2017（04）．

[83] 宋丽颖，杨潭．财政补贴、行业集中度与高技术企业R&D投入的非线性关系实证研究［J］．财政研究，2016（07）．

[84] 苏娜．财政科技专项补贴对企业R&D投入的影响比较分析［J］．统计与决策，2019（03）．

[85] 童锦治，黄克珑，林迪珊．税收征管、纳税遵从与企业经营效率——来自我国上市公司的经验证据［J］．当代财经，2016（03）．

[86] 童锦治，刘诗源，林志帆．财政补贴、生命周期和企业研发创新［J］．财政研究，2018（04）．

[87] 王方方，李宁．我国财政政策对产业结构优化的时变效应［J］．数量经济技术经济研究，2017（11）．

[88] 王薇，艾华．政府补助、研发投入与企业全要素生产率——基于创业板上市公司的实证分析［J］．中南财经政法大学学报，2018（05）．

[89] 王维，吴佳颖，章品锋．政府补助、研发投入与信息技术企业价值研究［J］．科技进步与对策，2016（22）．

[90] 王彦超，李玲，王彪华．税收优惠与财政补贴能有效促进企业创新吗？——基于所有制与行业特征差异的实证研究［J］．税务研究，2019（06）．

[91] 温忠麟，叶宝娟．有调节的中介模型检验方法．竞争还是替补？［J］．心理学报，2014（05）．

[92] 吴联生．国有股权、税收优惠与公司税负［J］．经济研究，2009（10）．

[93] 武咸云，陈艳，李秀兰，李作奎．战略性新兴产业研发投入、政府补助与企业价值［J］．科研管理，2017（09）．

[94] 向景，马光荣，魏升民．减税能否提振企业绩效——基于上市公司数据的实证研究［J］．学术研究，2017（10）．

[95] 闫华红，廉英麒，田德录．政府补助与税收优惠哪个更能促进企业创新绩效［J］．中国科技论坛，2019（09）．

[96] 杨晓妹，刘文龙．财政 R&D 补贴、税收优惠激励制造业企业实质性创新了吗？——基于倾向得分匹配及样本分位数回归的研究［J］．产经评论，2019（03）．

[97] 杨杨，汤晓健，杜剑．我国中小型民营企业税收负担与企业价值关系——基于深交所中小板上市公司数据的实证分析［J］．税务研究，2014（03）．

[98] 袁建国，范文林，程晨．税收优惠与企业技术创新——基于中国上市公司的实证研究［J］．税务研究，2016（10）．

[99] 张帆，张友斗．竞争性领域财政补贴，税收优惠政策对企业经营绩效的影响［J］．财贸研究，2018（03）．

[100] 张济建，章祥．税收政策对高新技术企业研发投入的激励效应研究——基于对 95 家高新技术企业的问卷调查［J］．江海学刊，2010（04）．

[101] 张明．税收征管与企业全要素生产率——基于中国非上市公司的实证研究［J］．中央财经大学学报，2017（01）．

[102] 张同斌，高铁梅．财税政策激励、高新技术产业发展与产业结构调整［J］．经济研究，2012（05）．

[103] 张彦明，于淼，付会霞，程泽川．油气企业股权结构与企业价值的实证分析［J］．企业改革与管理，2019（04）．

[104] 张在旭，薛雅伟，郝增亮，马颖．中国油气资源城市“资源诅咒”效应实证［J］．中国人口·资源与环境，2015（10）．

[105] 赵树宽，齐齐，张金峰．寻租视角下政府补助对企业创新的影响研究——基于中国上市公司数据［J］．华东经济管理，2017（12）．

[106] 郑春美，李佩．政府补助与税收优惠对企业创新绩效的影响——基于创业板高新技术企业的实证研究［J］．科技进步与对策，2015（16）．

[107] 周波．促进产业结构战略性调整的税收政策取向［J］．税务研究，2012（02）．

[108] 朱云欢，张明喜．我国财政补贴对企业研发影响的经验分析［J］．经济经纬，2010（05）．

[109] 朱志钢，高梦莹．论直接税与间接税的合理搭配［J］．税务研究，2013（06）．

[110] 邹建军，刘金山．财政科技支出能否提振企业全要素生产率？——基于地方政府行为视角下的实证检验［J］．西南民族大学学报（人文社科版），2020（03）．

[111] 陆阳．财政政策，会计信息可比性与企业投资——来自中国上市公司的经验证据［J］．科学决策，2023（10）：100－115．

[112] 马海涛，朱梦珂．扩张性财政政策挤出了非金融企业投资吗？［J］．财政研究，2020（10）：3－18．

[113] 白丽飞．数字经济的碳减排效应研究——兼论财政政策和市场机制的叠加作用［J］．甘肃社会科学，2023（06）：224－236．

[114] 夏天，张启望，张楠．财政政策对资本结构动态调整机制研究［J］．企业经济，2023，42（08）：93－106．

[115] 何明洋，刘雪燕．外生冲击、财政政策与产业结构——基于金融动态CGE模型的分析 [J]．地方财政研究，2022 (09)：44-56.

[116] 张瑶，王斌，刘艺林．财政政策、经济周与企业盈利 [J]．南开经济研究，2022 (04)：43-61.

[117] 施炳展，吴丽帆．分散化税收优惠、生产率异质性与企业创新产出 [J]．南开经济研究，2023 (12)：163-180.

[118] 侯尚法．税收激励、创新补贴与文化企业技术创新 [J]．深圳大学学报（人文社会科学版），2022，39 (05)：51-62.

[119] 景明禹，刘璐，王鲁宁．税收负担不确定性、政府补助与企业创新 [J]．财经科学，2022 (09)：138-148.

[120] 刘中军，程鑫，孟勇．绿色税收对经济增长与产业升级的影响 [J]．统计与决策，2022，38 (19)：154-157.

[121] 徐艺，陈小兰，秦绪娜．绿色税收是否能够促进产业结构升级——基于Porter假说的中国证据 [J]．贵州财经大学学报，2022 (01)：89-99.

[122] 李紫薇，董长贵．减税降费政策对产业升级的影响研究 [J]．宏观经济研究，2021 (02)：53-59，175.

[123] 马光荣，黄叙涵．减税对经济增长的提振效应及其作用机制——基于增值税转型的研究 [J]．中国工业经济，2023 (11)：5-23.

[124] 胡洪曙，梅思雨．税收激励、薪酬成本与企业创新——基于薪酬抵税改革的准自然实验 [J]．北京社会科学，2023 (09)：58-71.

[125] 张国庆，李卉．财税政策影响产业升级的理论机制分

析——基于地方政府竞争视角［J］. 审计与经济研究，2020，35（06）：105－114.

［126］谢林海，李一帆，郑明贵．财税激励政策对新能源产业创新绩效的影响——研发投入的中介效应［J］. 管理现代化，2022，42（01）：53－57.

［127］刘兰剑，张萌，黄天航．政府补贴、税收优惠对专利质量的影响及其门槛效应——基于新能源汽车产业上市公司的实证分析［J］. 科研管理，2021，42（06）：9－16.

［128］杨博，王林辉．财税激励政策对企业创新质量提升的影响［J］. 统计与决策，2021，37（17）：159－163.

［129］梁彤缨，邓倩莹，陈国才．财税政策组合对企业研发投入的影响效应：基于新三板创新层的实证研究［J］. 科技管理研究，2023，43（20）：34－45.

［130］吕开剑，孙慧．政府补助对企业创新绩效影响的内在机制——基于新能源企业的研究［J］. 科技管理研究，2020，40（06）：54－62.

［131］黄文娣，李远．政府补贴对企业研发投入异质性门槛效应研究——基于广东数据验证［J］. 科技管理研究，2022，42（07）：36－44.

［132］张仪华，赵永旗，王园．政府补助对企业创新的影响研究——基于财务冗余的调节作用［J］. 会计之友，2022（23）：64－70.

［133］马文聪，翁银娇，陈修德等．研发补贴、税收优惠及其组合对企业研发投入的影响——基于融资约束的视角［J］. 系统管理学报，2022，31（03）：534－544.

[134] 马德林，柳希望，徐嘉钰．营商环境、税收激励与企业创新 [J]. 财会通讯，2022 (08)：45-50.

[135] 吴波虹．财政补贴、税收优惠与企业技术创新能力——基于盈利能力的视角 [J]. 技术经济与管理研究，2021 (09)：12-17.

[136] 胡善成，靳来群，魏晨雨．政府所得税减免促进高新技术企业创新了吗？[J]. 浙江社会科学，2022 (09)：24-35，156-157.

[137] 吴强，刘志安．税收负担对企业创新研发投入的影响机制——基于上市公司的中介效应分析 [J]. 现代管理科学，2021 (08)：68-79.

[138] 赵兴瑜．基于资源价值分级的油页岩资源类税费体系研究 [D]. 北京：中国石油大学，2021.

[139] 付云鹏，马树才，宋琪，郜健．基于 LMDI 的中国碳排放影响因素分解研究 [J]. 数学的实践与认识，2019 (04).

[140] 胡庆龙，伍亚．基于社会经济因素的中国 PM2.5 排放的区域差异分解分析 [J]. 数量经济技术经济研究，2020 (06).

[141] 许英明，李晓依．欧盟碳边境调节机制对中欧贸易的影响及中国对策 [J]. 国际经济合作，2021 (05).

[142] 姜婷婷．“双碳”目标下我国碳税立法初探 [D]. 北京：对外经济贸易大学，2022.